꿈을 꿨다. 오늘도 같은 꿈이었다. 누군가가 떠나가며 내게 손을 흔들고, 나는 흰 눈이 가득 쌓인 땅 위에서 얇은 옷 하나만 걸친 채 그 손을 보며 하염없이 꽝꽝 울어대는. 이별은 내가 가진 가장 큰 두려움이었다. 사랑하는 사람과 헤어지는 일, 좋아했던 것들과 떨어지는 일, 이 모든 것이 무서워서 오히려 더 자주 이별하는 꿈을 꿨다.

우리 삶에 이별을 빼면 무엇이 남을까. 살아가며 매일 이별하고 매일 새로 만나는 일상을 반복하는 우리가 무엇과도 이별하지 않기 위해 할 수 있는 일은 아무것도 없다. 그것을 겸허히 받아들이고, 덜 허탈해하고 덜 슬퍼하는 일 밖에는.

무언가와 계속 헤어지지만 도통 헤어짐에 익숙해지지 않는다. 그래서 헤어지는 대상과 그것을 대하는 내 마음을 글로 써 보는 작업을 해보자고 생각했다. 글로 쓰다 보면 내가 겪어왔던, 그리고 앞으로 겪어야 할 수많은 이별도 덜 두려워지겠지, 덜 무서워지겠지, 하는 마음으로. 작게는 어제와의 이별부터, 크게는 이혼까지. 내가 해왔던 많은 헤어짐에 대해 진솔하고 허심탄회하게 쓰려고 노력했다. 이 책을 쓰면서 내가 얼마나 많은 것과 헤어져 왔는지, 그리고 얼마나 많은 소중한 것과 헤어져야 하는지를 생각했다.

어린, 그리고 젊은 시절과 헤어지며 과거의 소중함을 느끼고 동시에 과거에 얽매이지 말아야 한다는 교훈을 배웠다. 그리고 사랑하는 사람과 헤어지며, 인연의 소중함과 먹먹함을 배웠다. 이별에 대한 글을 쓰며, 나는 오히려 이별과 제대로 작별하는 법을 알게 되었다. 항상 맞닥뜨리기 무서웠던 이별이 사실 내게 남긴 것이 꽤 많다는 걸 깨달았다. 이별이라는 녀석은 슬픔만을 남기고 사라져 버리는 인정머리 없는 놈이 아니었다.

소설 『갈매기의 꿈』을 쓴 리처드 바크는 "작별 인사에 낙담하지 말라. 재회에 앞서 작별은 필요하다. 그리고 친구라면 잠시 혹은 오랜 뒤라도 꼭 재회하게 될 터이니."라고 말했다. 부처는 "만남에는 헤어짐이 있고, 떠남에는 돌아옴이 있다."라고 말했다. 그들은 헤어진 것과 꼭 다시 만난다는 희망보다 소중한 것과 헤어지면, 또 다른 소중한 것이 오므로 지금의 이별을 슬퍼하지 말라는 말을 하려는 듯하다. 오늘이 가면 내일이 오고, 새파란 청춘이 가면 성숙한 진짜 어른의 삶이 오듯이.

또 다른 만남과 희망을 이야기하고 싶었다. 헤어짐은 진정한 헤어짐이 아니라 다음 만남을 준비하는 과정일 뿐이라고. 혹여나 엄청 슬픈 이별이 밀려와 우리를 쓸어버리려 하더라도 곧 맑은 날이 다시 오리라는 것을 알기에 그 자리에서 꿋꿋이 버텨야 한다는 사실을 말이다.

그리고 독자의 이야기를 듣고 싶었다. 나와 비슷한 이별의 아픔이 있는지, 그 아픔이 당신을 어떻게 성장시켰는지. 늘 우리 생애를 지나가는 이별과 만남 앞에서 충분히 눈물 흘리고 기뻐할 수 있기를 바란다. 우리가 생각하는 어른은 이별과 만남에 담담하지 않으니까. 그것들에 담담하지 않은, 하지만 기꺼이 받아들이는 그런 사람이 되고 싶다.

지금도 나는 무언가와 계속 이별하고 있고, 또 새로 만나고 있다. 살아가는 동안 만남과 이별은 반복되겠지만, 두렵지 않다. 오히려 기대된다. 무엇보다 이별은 만남의 신호탄이라는 메시지를 주고 싶어 시작한 글이 흐지부지되지 않고 이렇게 끝까지 마무리가 될 수 있어서 기쁘다. 이 책의 소재가 되어준 사람들, 그리고 이 책을 읽게 될 사람들에게 감사하다. 특히 당신의 이야기를 써도 되겠냐는 말에 기꺼이 허락해 준 몇몇 친구와 지인에게 고마움을 전한다.

전지민 드림

목차

헤어짐은 또 다른 만남의 시작인 것을 ·································· 2

이별 첫걸음, 헤어짐이 성장이었네

그녀 이름은 현숙이 이모 ·································· 14
흑진주는 어디로 갔을까? ·································· 21
그 사람, 첫사랑 ·································· 30
스물, 꽃 같은 날들 ·································· 36
내 뒤통수만 보며 살았을 너 ·································· 45
내가 사랑했던 그 향기 ·································· 52

이별 두 걸음, 아직도 적응하지 못한 것은

특별한 펜팔 친구 ··· 60
나의 첫 독립 ··· 68
행성으로 돌아간 노랑 고양이 ······························ 75
내 어린 동생의 그림 ·· 84
처음엔 다 그래! ·· 91
이름의 무게 ··· 97

이별 세 걸음, 어른의 이별공식

그렇게 이혼했습니다 ·· 104
짐을 나눈다는 것 ·· 112
대화가 필요해 ·· 119
빈털터리들의 재산분할 ····································· 126
남몰래 눈물을 훔치고 ······································· 131
사랑, 시작해도 될까요? ···································· 137

이별 네 걸음, 조울증과 헤어지는 중

양극성 장애 ·· 146
진단마저도 평범하지 않은 ································ 152
왜 하필 조울증일까? ·· 161
그 녀석과 함께 사는 법 ···································· 169
외롭다는 감정에 지배당할 때 ····························· 175

이별 다섯 걸음, 비로소 나는 성숙해졌다

핑계 그리고 노력 ·· 182
계절의 순환 ··· 188
온라인 독서 모임 ·· 194
습관, 좋거나 나쁘거나 ····································· 201
무엇도 당연하지 않은 여행 ······························· 207

서른아홉 그리고 마흔 ················· 213

이별 여섯 걸음, 그럼에도 내가 붙잡고 싶은 것들

따뜻한 밥 한 끼 1 ················· 222
따뜻한 밥 한 끼 2 ················· 227
현이 활을 만나 ··················· 234
우리가 잊고 살던 말의 힘 ············· 242
매달 하는 월급과의 안녕 ············· 250
일상 속 새로움 찾기 ················ 255

이별 첫걸음

헤어짐이 성장이었네

그녀 이름은 현숙이 이모

　　이십 대 아가씨들의 세계가 너무나 알고 싶은 열두 살 소녀. 그 소녀가 만난 천사 같은 그녀. 부모님과 같은 직장에서 일을 하면서 친해져 우리 집에 자주 놀러 왔던 아주 젊고 예쁜 이모. 나는 이모를 "예쁜 현숙이 이모"라고 불렀다.
현숙이 이모는 찰랑거리는 웨이브 진 긴 머리, 날씬한 몸매에 성격도 상냥해서 하늘에서 내려온 천사가 이런 모습일까? 싶은 사람이었다. 이모는 억센 경상도 사투리를 쓰는 우리와는 다르게 조용조용한 서울 말씨를 썼다. 나는 현숙이 이모에게서 나오는, 노래같이 들리는 서울말이 좋았다.
우리 집에 올 때마다 맛있는 것, 내가 좋아할 만한 공주 스티

커, 아기자기한 장난감을 사 오곤 해서 나는 현숙이 이모 오는 날만 기다렸다. 나에게 화 한번 내지 않고 좋은 말만 해주는 이모를 보며 그녀같이 착한 사람은 세상에 없을 거라 확신했다. 학교에서도 현숙이 이모가 선생님이고, 피아노학원에 가도 이모가 피아노를 가르쳐주고, 집에서나 다른 데서도 현숙이 이모가 내 옆에 있어 줬으면 하고 생각했다. 한마디로 난 그녀에게 홀딱 반했다.

이모는 아주 예쁜 비퍼, 그러니까 우리가 흔히 말하는 삐삐를 가지고 다녔다. 아빠에게 물려받은 검고 투박한 내 삐삐와 다르게 이모의 것은, 크기가 자그마하면서도 본체 껍데기를 세 가지 색깔로 교체해 끼울 수 있는 멋지고 희귀한 삐삐였다. 이모가 우리 집에 놀러 올 때마다 나는 그녀의 집착남처럼 이모의 수신기록을 딸깍딸깍 눌러보며 누구와 연락했는지 수시로 확인했다.
나는 이모가 살고 있는 비밀의 방에 자꾸만 문을 두드리는 귀여운 침입자였다. '8282', '4860', '012xxxxxxx'. 나는 일주일에 한두 개, 그것도 엄마에게 오는 연락이 다인데 그녀의 자그마한 삐삐는 하루에도 몇 번이고 드르륵드르륵 울렸다. 나는 이모의 삐삐를 훔치고 싶었다. 그러면 어른들의 세계를 자유롭게 들락거릴 수 있고, 이모와 같은 세계에서 함께 있을 수 있다고 믿었다.

언제나 이모가 우리 집에 놀러 오곤 했는데, 어느 날 이모네 집에 놀러 갈 일이 생겼다. 나는 공주같이 예쁜 이모가 살고 있는 집이 아주 궁금했다. 이모의 집도 그녀의 얼굴처럼 아기자기하고 예쁠까. 혹시 동화 속 성에 살고 있는 건 아닐까. 소풍 가는 날보다 더 떨린 채 이모의 얼굴을 생각하다 잠이 들었다.
다음날 찾아간 이모의 집은 단칸방에 슬레이트 지붕을 얹은 곳이었는데, 세 명이 겨우 누울 만한 크기였다. 하지만 내부는 이모의 성격답게 모든 살림살이가 오와 열을 맞추고 있었다. 이모는 여기서 누워 자는구나, 이모는 이런 밥상에서 밥을 먹는구나. 이모와 같이 살고 있다고 들은 남자의 옷도 몇 가지 걸려 있었는데, 옷걸이에 걸어놓은 바지가 방바닥까지 내려온 걸 보니 그녀는 키 큰 남자를 좋아하나보다 짐작했다.
며칠 후 이모가 우리 집에 놀러 와서 "어제 우리 집에서 혼자 밥을 먹는데~"라고 말했을 때 이모의 밥상이 떠올랐고, 이모가 밥 먹는 모습을 더 구체적으로 상상할 수 있어서 기뻤다.

한동안 이모는 우리 집에 오지 않았다. 이렇게까지 오랫동안 안 온 적이 없었는데……. 엄마와 아빠가 나 몰래 하는 대화에서 그녀의 소식을 들을 수 있었다. 함께 살던 남자와의 사이에서 아이를 가졌지만, 유산이 되었고 남자도 떠나버렸다는 이야기.
하지만 그보다 더 충격이었던 건 그 이유가 신병 때문이라는 것이었다. 나는 신병이라는 게 무엇인지 몰랐지만, 아주 사랑하는 사람을 둘이나 떠나보낼 만큼 무서운 존재라는 것을 어렴풋이 알았다. 그 신병인지 신발인지 모를 이상한 것 때문에 이모가 마음에 상처를 입어 우리 집에 오지 못했구나. 나는 눈물이 났다.

몇 달 후 그녀는 나와 엄마만 있는 낮에 들러 간단한 식사를 하고 차를 마셨다. 그리고 엄마가 깔아주는 이불에 누워 잠시 쉬고는 홀연히 떠나버렸다. 그날이 그녀를 보는 마지막 날 일 거라고 미처 생각하지 않았지만, 한동안 못 볼지도 모른다는 예감이 들었다.

눈을 감은 그녀의 얼굴을 보니 울고 싶을 만큼 측은했다. 이렇게 예쁘고 착하디착한 사람이 왜 그런 일을 겪어야 했는지 어린 내 머리로는 도저히 이해할 수가 없었다. 잠든 그녀의 머리칼을 만지며 이모가 앞으로는 지금보다 훨씬 더 행복해지길 빌었다. 나의 소중한 현숙이 이모.
1998년도 그날, 우리 집 현관문에 걸터앉아 신발을 신던 그녀의 뒷모습을 마지막으로 그녀를 더 이상 볼 수 없었다. 부모님도 그 이후로는 이모의 소식을 듣지 못했다고 했다. 이름을 바꾸고 과거를 버린 채 알고 지낸 사람들과의 인연을 모두 끊은 것 같다는 말이 엄마가 전해준 이모에 대한 마지막 소식이었다.

엄마의 립스틱을 몰래 훔쳐 발랐던 어린 시절 기억처럼 이모를 그리워하고 사랑했던 마음은 내 마음속 깊은 곳에 아련하게 남아있다. 나의 천사 같은 현숙이 이모는 지금쯤 어디에서 누구와 무얼 하며 살고 있을까. 이모를 졸졸 따라다니며 애교를 부리던 꼬마 초딩이 벌써 마흔이 다 되어갈 동안 그녀는 어떤 기쁨과 마주하고, 어떤 시련을 이겨내며 긴 세월을 살아갔을까. 그녀를 다시 볼 날이 올까?
인연이 다시 허락되어 지나쳐가면서라도 볼 수 있다면 더할 나위 없이 좋겠다. 이모와 다시 만나 이야기를 나누게 된다면, 내가 떠나온 우리 부모님의 집 벽에 붙은 여러 장 사진 속 이모는 아직도 너무 아름답다고, 아이 시절 내 눈엔 이모가 가장 예뻐 보였다고, 이모도 누군가에겐 닮고 싶은 사람이었다고 꼭 말해주고 싶다.

 어린아이는 자신이 믿고 사랑하는 어른들을 닮고 싶어 하고, 그들을 몇 번이나 떠나보내면서 어른이 된다. 가족을 포함한 주변 어른과의 소통은 아이가 집 밖 세상을 간접적으로 체험하고 다른 사람과의 관계를 배우게 해준다. 그리고 어른이 된 후에 그것이 빛을 발하게 된다.
또, 아이가 다른 대상을 사랑하고 동경하는 것은 아이의 작디작은 세계를 넓게 확장해 준다. 그 안에 갇혀 있던 생각과 아주 작은 관념들을 크게 키워나가는 것이다. 그러면서 사람과의 관계 때문에 차디차다고 느끼지만, 또 사람으로 인해 따뜻하기도 한 진짜 사회를 간접적으로 만난다. 어른은 아이를 사랑하고 아끼고 동경의 대상이 기꺼이 되어주면 아이는 그런 어른을 따르며 커 간다.

어린아이에게 동경의 대상이 있다는 것은 참 좋은 일이랍니다. 어리기만 한 아이의 시야를 넓혀주고 어떤 어른이 되고 싶다는 롤 모델을 찾은 신호가 되니까요. 혹시 여러분은 어린 시절 닮고 싶은 어른이 있었나요? 만약 닮고 싶던 사람이 있었다면 왜 닮고 싶었나요? 어릴 적 나를 설레게 했던 그 어른은 지금은 어떤 모습이고, 어떻게 살아가고 있나요? 까맣게 잊고 지냈던 어린 시절을 돌아보며 잠시 숨 한번 크게 쉬었다 가면 어떨까요.

흑진주는 어디로 갔을까?

　사방은 어느새 하루 끝 어스름이 깔려오고 있었다. 키가 130㎝ 정도 됐을까. 또래보다도 한참 작은 세 명의 여자아이가 나란히 걷고 있었다. 얼굴이 하얀 아이, 까무잡잡한 아이, 키가 큰 아이. 세 아이는 재잘거리며 좁은 골목길을 따라 걷다가 골목 끝 빨간 벽돌집 앞에 멈추어 섰다. 두 아이는 얼굴이 까무잡잡한 아이에게 손을 흔든다. 그 아이의 집이었다. 세 아이는 그 집 앞에서 재미있는 이야기를 하는 듯, 한 아이가 이야기하면 나머지 아이가 손뼉을 치며 깔깔 웃기를 반복했다. 얼굴이 까무잡잡한 아이는 친구들을 따라 이를 새하얗게 드러내며 웃는 듯했지만, 눈에는 슬픔이 어렸다. 친구들과 헤어지는 게 못내 아쉬운 듯했다.

이윽고 검정 대문을 밀고 들어간다. 십여 초 후 벽돌집 1층에서 2층으로 올라가는 옥외 계단에서 아이가 다시 나타났고, 아래를 보며 미련이 남는 눈빛으로 천천히 손을 흔든다. 대문 밖 아래에서 보고 있던 하얀 아이와 키 큰 아이는 다시 손을 흔든다. 아이는 반투명 유리가 설치된 은색 스테인리스 문을 열고 옥탑방으로 들어갔다.

    두 아이는 왔던 길을 되돌아간다.
"이제 너희 집에 가자. 내가 데려다줄게."
"아니, 너희 집에 가자. 내가 데려다줄게."
"아니, 너희 집."
"아니, 너희 집."
"아아아니, 너희 집."
"아아아아니, 너희 집."
십여 분 정도를 걷다가 두 아이는 3층짜리 허름한 상가건물 앞에 멈춰 섰다.
"잘 가, 얼른 들어가."
노을에 얼굴이 반사돼 더 하얗게 보이는 아이는 키가 큰 아이에게 들어가라고 손짓했다.
"…… 내가 너희 집에 데려다줄게!"
"음, 그래!"
키 큰 아이는 하얀 아이와의 헤어짐이 조금 늦춰져 행복했다. 둘은 다시 돌아 걸었다. 어느새 땅거미는 사라지고 까만 어둠이 내려앉았다.

　　　이번에는 동그란 모양으로 잘 깎여진 조경수가 맞이하는 정원을 따라가면 빨간 벽돌로 된 2층 건물이 나오는 집 앞에 멈췄다. 외부만 봐도 내부가 상상이 가는 집이었다. 화목한 대가족이 있고 따뜻하고 고급스러운 음식이 6인용 식탁에 잘 차려져 있을 것만 같은.
"이제 진짜 들어가. 엄마한테 혼나겠다."
키 큰 아이가 짐짓 어른스러운 표정으로 말했다.
"으응. 벌써 어두워져서 진짜 들어가야 할 것 같아. 조심히 가. 내일은 내가 꼭 데려다줄게."
"그래, 내일 아침에도 8시 10분 삼거리 앞 문구점 앞에서 봐."
몸은 벌써 왔던 길을 향해 뛰어가고 있지만 얼굴은 자신이 데려다준, 꼭 동생 같은 친구를 향하고 있었다. 얼굴이 하얀 아이는 정원 가운데에 난 길을 따라 마당 안쪽으로 들어갔고, 따스해 보이는 건물 계단 아래 차가운 단칸방으로 들어가 몸을 뉘었다.

세 아이는 단짝이었다. 얼굴이 까만 아이는 옥탑방에 살았지만, 성격이 활발하고 화끈해서 친구가 많았다. 노래도 잘하고 춤도 잘 췄다. 재미없는 이야기도 흑진주가 하면 흥미롭고 웃긴 이야기로 변했다. '흑진주'라는 별명답게 다른 아이들과 함께 있을 때 빛나는 아이였다.
하지만 그렇게 활발하던 아이는 남들이 예상치 못한 지점에서 엉엉 울곤 했다. 어른들은 어린 나이지만, 아이 가슴에 맺힌 것이 많은가보다 하고 생각했을 것이다. 아이는 엄마와 둘이 살았는데, 아버지에 관한 이야기는 친한 친구에게도 거의 하지 않았다. 친구들은 아버지에 대한 아픈 기억이 흑진주에게 있을 거라 짐작만 할 뿐이었다.
흑진주에게는 매일 함께 다니는 두 친구가 있었는데, 그들과 친하다고 생각하긴 하지만 가끔 묘한 소외감을 느끼곤 했다. 자신을 제외한 두 명이 그들만의 시간을 더 많이 보내고 있는 듯한 느낌이 들었기 때문이었다. 자신이 모르는 이야기를 둘이 재미있게 나누고 있는 모습을 볼 땐 그 생각이 확신이 돼 상처로 돌아왔다. 그러나 그들에게서 떨어져 나갈 용기는 차마 없었다.

얼굴이 하얀 아이는 빨간 코트를 매일 입고 다녔다. 하얀 얼굴이 더 하얘 보였다. 얼굴은 파리하고 옷은 빨갛다는 이유로 남자아이들은 그 아이를 무당이라고 놀려댔다.
아이는 어두운 방 안에서 일하러 간 엄마만 기다렸다. 아이는 선생님에게 자신의 이름이 불릴까 봐 투명해지고 싶었다. 자기 얼굴을 보는 게 싫어 거울 앞에서 고개를 돌리곤 했다. 손을 내밀어 손가락을 쥐었다 폈다 하는 모습까지도 부끄러워 가위바위보도 못 하는 아이. 다리 벌려 뛰는 것이 부끄러워 고무줄놀이도 한 번 못 해본 그 아이는 항상 외톨이였다. 밤낮없이 뛰어다니는 쥐가 싼 오줌 자국이 선명한 천장을 보며 잠드는 아이의 마음을 알아주는 이는 키 큰 아이와 흑진주뿐이었다.

키 큰 아이는 사실 키가 크지 않다. 그냥 셋 중 가장 클 뿐이다. 그것도 아주 조금. 술에 취해 들어오는 아버지는 어머니와 매일 싸웠다. 어머니는 가장 노릇을 하느라 공장에 다녔고, 아버지는 매일 같이 술을 먹고 집에 들어왔다. 삼각형에 가까운 비정상적인 모양의 상가건물 3층. 그곳이 그 아이의 집이었다.

아이는 화목하고 조용한 가정은 가지지 못했다 치더라도 남들에게 다 허용되는 사각형의 방까지도 자신에게 허락되지 않았다는 것이 비참했다. 오늘도 아버지와 어머니의 싸움이라는 칼날이 방문을 비집고 들어왔다. 그날부터였을까. 열두 살 가녀리고 예쁜 이 아이는 이를 악물고 공부해서 얼른 이 집에서 나가야겠다고 다짐했던 것이.

얼굴이 하얀 아이와 키 큰 아이는 내성적인 편이어서 웬만해선 눈에 띄지 않는다는 공통점이 있었고, 그것은 둘 사이를 더 은밀하고 친밀하게 만들었다. 셋은 매일 함께 놀다가 서로 집에 데려다주곤 했는데, 꼭 흑진주의 집에 먼저 가서 아이를 집으로 올려보내고 둘은 서로의 집을 많게는 서너 번씩 왔다 갔다 하며 학교 얘기, 친구 얘기, 짝사랑하는 남자아이 얘기를 했다. 둘은 헤어질 때마다 오늘이 마지막인 것처럼 꼭 잡은 손을 쉬이 놓지 못했다.

가끔 죽고 싶었을 세 아이는 이십여 년이 지난 지금까지 다행히 죽지 않고 어른이 되었다. 얼굴이 하얀 아이와 키 큰 아이는 일 년에 두 번 각자의 생일에 선물을 주고받으며 우정을 이어가고 있고, 흑진주는 연락이 끊긴 지 십여 년 정도가 되었다.
흑진주는 별명처럼 어디서도 반짝반짝할 테니 자신에게 주어진 인생 과업을 해결하며 나름대로 잘살고 있을 것이다. 하지만 어린 시절 우리도 의식하지 못하고 주었던 소외감이 흑진주와 연락할 수 없는 현재를 만든 것 같다는 생각에 종종 쓸쓸해진다.

그 시절에는 누구보다 소중했지만, 지금은 희미한 기억 속에만 남아있는 인연, 친구. 그 중 특히 자라난 환경이 비슷한 친구 사이의 우정은 그 무엇과도 바꿀 수 없는 인생 교과서다. 어린 시절 서로 기대면 외롭지 않다는 사실을 배우고, 성장 후에도 그 기억을 떠올려 남과 잘 어우러져 살아낼 지혜를 준다.
친구와 일상을 공유하고 서로 웃고 싸우기도 하며 미래의 사회생활을 배우는 첫걸음. 어린 시절 부모님보다 가깝게 지내던 친구와의 우정은 작게나마 인간관계를 배우고, 어른이 된 후 사회에 나가 발휘할 남과 합을 맞추는 연습이다. 지금은 뿔뿔이 흩어져 만나지 못하지만, 서로 함께하며 배웠던 작은 사회를 기억하며 오늘도 각자의 자리에서 열심히 살고 있다.

친구는 성인이 되어서도 만들 수 있습니다. 하지만 자아가 채 형성되지 않은 시기에 만난 친구는 나의 모든 것에 영향을 끼칩니다. 어린 시절 당신에게도 기쁨과 아픔을 함께 나눴던 친구가 있었겠죠? 그 아이는 당신에게 어떤 존재였고, 얼마나 소중한 사람이었는지요. 그 친구와 연락을 주고받거나 아예 연락이 끊어졌더라도 당신의 추억 속 그 아이는 여전히 그 자리에 있을 테죠. 지금의 내게 어릴 적 친구는 어떤 의미를 안겨 줄까요.

그 사람, 첫사랑

그날은 화요일이었다. 밸런타인데이였고, 나의 고등학교 졸업식 날이었다. 처음 만날 때만 해도 어린 소년티가 났던 그는 벌써 스물한 살이었고, 나는 이제 막 스무 살이 되었다. 이미 작년에 대학생이 된 그와 표현할 수 없는 미묘한 거리감을 느끼고 있었지만, 이젠 둘 다 대학생이 되었으니 그 거리감은 차츰 줄어들 것이었다.

엄마가 졸업선물로 사준 빈폴 핸드백에서 진동이 느껴졌다. 추위로 빨개진 내 손이 핸드백으로 향했고, 시린 손으로 아직 길들여 지지 않아 뻣뻣한 가죽가방을 뒤적거리며 휴대전화를 찾지 못해 약간 짜증이 났다. 그에게서 온 전화였다. 핸드폰 속 그는 헤어지자고 덤덤한 목소리로 말했다. 내가 고3이어서 헤어지자는 말을 미뤘었다며 오랫동안 생각해 온 말이라고 했다.

그와 사랑이자 우정을 나눈 시간 동안 장난으로라도 들어본 일이 없었는데, 그는 야속하게도 내가 진짜 어른이 된 졸업식 날, 그것도 햇볕이 쨍쨍한 오전 시간에 이별을 얘기했다. 어제 만났을 때까지만 해도 아무 말이 없던 그의 입에서 생각지도 못한 대학교 이름이 튀어나왔다. 그는 대학교 1학년이었던 작년부터 편입 준비를 꾸준히 해 왔고, 그것이 결실을 보아 다른 지역 사범대학에 합격했다고 했다. 그것과 나와 헤어지는 것이 무슨 관계가 있나? 싶었지만, 그가 헤어지고 싶다니 나도 어쩔 도리가 없었다.

어찌저찌 전화를 끊고, 운동장 벤치에 덩그러니 앉아 있었다. 그때 그의 가장 친한 친구가 내게 꽃 한 다발을 내밀었다. 졸업 축하한다는 말을 전달해 달라는 부탁을 받았다고 했다. 꽃다발을 받는 순간 서툰 화장 때문에 볼이 빨간 건지, 추워서 빨간 건지 모를 내 두 볼을 타고 눈물이 흘렀고, 그 눈물은 건조하고 차가운 겨울바람을 만나 그대로 말라버렸다. 말라버린 건 내 마음도 함께였다.
꽃샘추위에 꽃다발을 잡고 있던 퉁퉁 부은 손이 조금씩 떨렸다. 늦깎이 겨울바람이 내 심장을 한 바퀴 돌아 나왔다. 언제부터 그는 오늘을 준비했을까. 언젠가 이별의 순간이 온다면 심장이 뜨거워질 거로 생각했는데, 내 예상과는 다르게 심장이 서늘해졌다. 바람 때문이었을지도 모른다.

그와의 시간이 떠올랐다. 그 사람이 이 세상에 나와 함께 존재한다는 것만으로도 가슴 벅차고 감사하게 느껴졌던 마음. 그의 모든 것이 경이로웠던 순간들. 사십 글자 한도의 짧은 문자메시지에 큰마음을 모두 담고 싶어 썼다 지웠다 반복했던 수많은 밤들. 너무 소중하고 예쁘다며 내 머리를 쓰다듬어 주던 큰 손, 공부를 잘해 학교에서 촉망받던 그에게 여자친구로서 어울리는 사람이 되기 위해 열심히 공부했던 날들. 처음 키스했던 학원 옥상, 야간 자율 학습 시간 뒤뜰에서 몰래 만나 별것 아닌 일로 티격태격하며 눈물 흘렸던 시간까지.
그가 세상 전부인 양 그의 말 한마디로 기분이 날아갈 것 같다가도 곧 죽을 듯이 절망적이었던, 지나치게 사랑해서 지나치게 진심이었던 모든 순간. 이제는 과거가 되어버린 그날들.

　　　오랜 세월이 지난 지금 생각해 보면 우리는 어렸고, 헤어짐은 당연했다. 유리같이 투명하고 예민하던 시기에 그를 만나 내 학창 시절의 끝자락은 녹록지 못한 집안 환경에 비해 행복했고, 흑백사진 같은 내 일상과 어울리지 않는 분홍빛이었다. 어른들에게 젊음만으로도 충분히 예쁘다는 말을 듣지만 정작 자신은 스스로가 얼마나 싱그럽고, 있는 그대로 아름다운 사람인지 모르던 시절. 고등학교 생활 내내 의지하고, 응원을 보내주는 사람이 있어 삐뚤어지지 않고 무사히 어른이 되었다.

그를 마지막으로 본 날처럼 이렇게 찬바람이 불면 사춘기 외로운 소녀의 마음을 충만하게 채워주었던 그가 생각난다. 가끔 말해주고 싶다. 당신을 만나 내 젊은 시절이 덜 불안했다고, 참 고마웠다고. 똑똑하고 야무진 그는 어디에선가 자기만의 배경에서 잘 지내고 있으리라 믿는다.

　　　우리의 처음은 언제나 서툴고 어색하다. 어떤 말을 해야 할지, 어떻게 행동해야 할지 몰라 삐걱삐걱하던 몸짓, 좌충

우돌 사랑을 배워가던 그때. 그래서 더 진하게 그리고 오래 남아있을 첫사랑. 다시 돌아오지 않는, 순수한 그 시절에만 할 수 있는 사랑. 첫사랑은 어른이 되어가는 과정 중에서 특별히 중요한 통과의례이자 앞으로 어떤 사랑을 하게 될지, 어떤 사람을 만나게 될지의 기준이 되기도 한다.

미래에 많은 사람을 만나고 많은 사랑을 하게 될 한 사람에게 첫사랑은 다른 사랑보다 더 애틋하고 기억에 오래 남는 그런 사랑이다. 짝사랑이든 서로 좋아하는 사랑이든, 첫사랑은 가슴속 저 아래에 묻어두는 비밀의 편지 같은 것이다. 자주 열어보진 않지만, 볼 때마다 설레는.

첫사랑, 듣기만 해도 마음이 간질간질해지는 단어입니다. 우리에게는 첫사랑의 기억이 있습니다. 생각할 때마다 마음이 저릴 수도, 설레기도 할 거예요. 당신의 첫사랑도 누구의 사랑 이야기보다 아름답고 멋진 이야기일 거라 생각되네요. 모든 첫사랑은 아름답고 순수하며 가장 기억에 남는 사랑이니까요. 오늘 하루, 그 첫사랑을 생각하며 찬란했던 당신의 지난날을 한번 돌아보면 어떨까요. 입가에 살짝 미소가 머물다 지나갈지도 모르잖아요.

스물, 꽃 같은 날들

　　개나리가 겨우 꽃봉오리를 터뜨리던 날, 나는 대학생이 되었다. 서툰 화장 솜씨로 지나치게 빠알간 볼, 피부색과 전혀 어울리지 않는 입술을 그리며 학교 갈 준비를 했다. 생전 처음 신어 보는 높은 구두는 약간의 현기증을 일으켰고, 발이 불편해서 어디든 앉고 싶은 충동을 불러왔다. 그래도 화장하고 높은 구두를 신은 나 자신이 어른이 된 것 같아 어깨가 스르륵 올라갔다.

　　간단한 입학식을 마친 우리는 조를 짜서 학교 본관 앞으로 집합했다. 다른 과 학생들도 거기에 모두 다 집합해 있었다. 모인 대열은 곧 데모하는 줄로 바뀌었고, 데모 내용은 등록금 동결을 요구하는 것이었다. 선배들이 외치는 구호를 따라 했다. 등록금 동결이 아니면 죽음을 달라는 식의 과격한 구호였다.

그것을 위해 죽음을 달라고 하고 싶지는 않았지만 어쩔 수 없었다. 나를 포함한 1학년들은 한 번도 해보지 않은 몸짓에 표정은 얼었고, 하늘 향해 뻗은 주먹은 누가 볼까 봐 어색했다. 목소리는 시간이 갈수록 기어들어 가고 있었다. 3학년에 어떤 이는 등록금 상승을 저지하기 위해 삼보일배로 학교를 도는 퍼포먼스를 하기도 했다. 겨우 이십 대의 고개를 넘어가고 있는 그들은 신에게 받은 자신의 숙명인 양 데모를 주도 했다. 그런 그들의 모습이 한편으로는 멋있었다. 자신이 옳다고 생각하는 것에 이렇게나 열정을 쏟는다는 것이. 대학은 이런 곳이구나, 이렇게 살아 숨 쉬는 곳이구나 생각하며 고등학교와는 다른 대학 분위기가 아주 마음에 들었다.

입학식의 꽃은 단연 뒤풀이였다. 식당에서 고기를 구우며 자유롭게 술을 마실 수 있다는 사실이 믿기지 않았다. 언젠가 꿈에서 본 장면 같았다. 선배들은 술과 관련된 묘기들을 보여주기 시작했고, 신입생은 그것을 신기하게 바라봤다. 코로 술을 들이켜 우리를 놀라게 한 사람도 있었고, 바가지에 술을 따라 폭탄 돌리기처럼 나눠 먹는 무리도 있었다.

술을 이렇게 기묘하게도 먹을 수 있구나, 생각하며 대학 생활과 술 문화에 더 흥미가 생겼다. 멋진 남자 선배들이 화끈하게 술 마시는 모습이 너무 멋있어서 심장이 두근거리기도 했다. 신입생들은 한 명씩 일어나 자기소개를 하고 소주를 원샷 하는 시간을 가졌는데, 처음 먹는 소주 맛에 얼굴을 찡그리며 자리에 앉았다. 다른 친구들도 같은 맛을 느꼈는지 하나같이 얼굴을 찌푸렸다. 비록 표정은 일그러졌지만, 속마음은 온 세상이 활짝 펴지는 느낌이었다. 우리는 생전 처음 맛보는 자유를 느꼈고, 탁 트이는 숨을 쉴 수 있었다.

나는 국어국문학과에 입학했고, 그것은 전적으로 내 뜻이었다. 고등학교 때 선생님은 내게 어울릴 것 같다고 간호학과에 진학하라 했지만, 나는 국어 문제를 풀 때 가장 큰 재미를 느껴 당연히 국문학을 전공해야 한다고 생각했다. 국어를 좋아하니까 국어를 배우는 과에 가는 게 당연하다 생각한 것이다.

입학 시즌까지는 재미있고 기대되는 대학 생활이었고 공부도 열심히, 노는 것도 열심히 해야겠다고 다짐했지만, 중간고사 기말고사를 지나며 내 마음은 점점 다른 곳을 보게 되었다. 교양 영어 같은 고등학교와 연계된 과목은 얼추 따라갔다. 문제는 전공과목이었다.

현대 문학을 공부하는 시간, 왜 이걸 배워야 하는지 모르겠다고 생각하며 책상에 턱을 괸 채 딴생각하던 일이 허다했다. 내가 생각했던 현대 문학 강의는 과거와 비교한 현대 문학의 특징과 작품에 대해 배우는 거라 막연하게 생각했는데, '현대 문학의 특질은 무엇인가?' 이 한 문제로만 한 학기를 공부하는 난해한 수업이었다. 특히 문학 시간은 나를 본격적으로 힘들게 했다.

　　　국어국문학과에 수석으로 입학한 나는 다른 친구들의 기대를 한 몸에 받았다. 글도 잘 쓰고 공부도 잘할 거라는 기대. 하지만 나는 그냥 국어 문제를 잘 푸는 아이였지, 시나 소설을 쓰는 것과 같은 감수성은 아예 없었다. 이 사실도 나는 대학교에 진학하고야 알았다.

고등학교 때 문학 문제를 풀며 감동해서 울고, 풍자와 해학에

웃던 내게 막상 시나 소설을 쓰라고 하니 참신한 표현이 하나도 생각나지 않았다. 문제를 풀 때 봤던 수능 빈출 문학작품만 생각났다.

나처럼 학교 성적으로 진학한 학생도 있었지만, 우리 과에는 특기자 전형으로 들어온 학생도 꽤 있었다. 그들의 필력은 내가 아무리 연습해도 따라갈 수 없는 것이었다. 가장 큰 감정은 질투였다. 그들이 좋은 부모를 만나서 기질적으로 타고 난 건지, 어린 시절부터 열심히 노력한 건지, 노력했다면 어떻게 했는지 궁금할 정도로 그들을 미워하는 동시에 동경했다. 나도 그런 능력을 갖추고 타고났다면 좋았겠다는 생각은 졸업 내내 멈추지 않았다.

글쓰기를 포기했다. 수석 입학을 한 내가 형편없이 글을 쓴다는 사실이 알려질까 봐 글쓰기 실습이 있는 과목 대신에 이론 강의와 지필시험이 있는 과목 위주로 수업을 들었다.

　　내 어린 스무 살, 힘든 일만 있었던 건 아니었다. 나는 꿈이 시인이던 J 선배를 사모하고 있었다. 특히 그의 시를 참 좋아했는데 선배도 그걸 알았는지 내게 며칠에 한 번씩 자신의 시를 보내주었고, 나는 답장으로 시에서 좋았던 구절이나 감탄했던 부분을 써 보냈다. 어떤 날엔 시에 대해, 그리고 문학에 대해 밤새워 얘기를 나누기도 했다. 그때의 몽글몽글했던 감정을 생각하면 마치 어제 일 같다.

선배, 동기들과 술을 마시며 나누었던 철학자, 문학가 이야기는 아침까지도 끝날 줄 몰랐고, 학교 잔디밭에 앉아 햇볕을 받으며 각자 읽은 소설을 이야기할 때는 '이곳이 대학이란 곳이구나' 그런 곳에 내가 속해 있다는 사실이 믿기지 않을 정도로 기뻤다. 동시에 나도 지성인이라는 귀여운 착각을 하며 잘난 척하곤 했다.

수업과 수업 사이에 쉬는 시간이 있는 날에는 친구들과 학교 앞 분식점에 가 김밥과 떡볶이를 나눠 먹으며 예쁘고 잘생긴 선배 이야기, 시험공부 이야기, 연예인 이야기와 같은 의미 없는 대화를 나누며 사소하고 자그마한 이야기에 깔깔 웃곤 했던 우리였다. 그때 분식집의 김밥 냄새와 떡볶이 냄새는 아직도 그리워서 기억 속에서 꺼내보고 또 꺼내보기를 반복한다.

특별한 냄새는 아니었다. 지금도 분식집에서 흔히 맡을 수 있는 냄새였지만 좋은 추억을 입힌 김밥 냄새는 다른 곳에서 맡은 김밥 냄새와 달랐다. 참기름을 더 많이 부은 냄새 같기도 하고, 달걀을 두 개 넣은 냄새 같기도 한 그날의 김밥은 갓 스무 살이 된 나와 친구들의 달콤한 꿈이 섞인 냄새였다. 뭐든 처음 하는 설렘이 섞인 향이었다. 다시는 맡을 수 없기에 더 그리운 그 냄새.

하루는 과 친구의 부모님이 여행을 가셨다고 나를 포함한 몇몇 친구를 초대해 함께 저녁을 만들어 먹은 적이 있었다. 아직도 생생하다. 친구 집에서 여럿이 모여 앉아 자신들의 아픈 가정사를 돌아가며 말하고 함께 웃고 울었던 긴 밤, 서로가 서로에게 위로가 되고 힘이 되어주던 그 밤을 지금도 잊을 수가 없다. 그때는 미처 몰랐지만 소중하고 행복한 시간이었다.

젊기에 할 수 있었던 무모하지만, 아름다운 나만의 목표. 혼자 있는 밤엔 음악을 들으며 꾸었던 나만의 꿈들. 꼬리에 꼬리를 물던 생각들. 파도처럼 밀려왔다가 언제 그랬냐는 듯 사그라들던 감정들. 스무 살의 소중한 시간은 빠르고 아쉽게 흘러갔다.

한 번뿐인 스무 살. 어리지도 않고 그렇다고 어른도 아니었던, 이제는 돌아갈 수 없는 시간. 하지만 그때를 포함한 젊은 날의 많은 추억이 나를 단단한 어른으로 만들어 주었다. 스무 살의 우리는 그 순간이 그리워질 줄 모르고 가장 예쁘고 반짝반짝 빛났다.

　스무 살은 아무도 밟지 않은 흰 눈을 처음으로 밟는 소리와 닮았다. 아무도 밟지 않은 눈을 '숫눈'이라 부른다고 한다. 처음이어서 의미 있고 한 번 밟으면 다시 돌아갈 수 없는, 처음 밟았을 때만이 느낄 수 있는 순수한 소리, 들으면 겨울이 다 지날 때까지 잊을 수 없는 소리.
숫눈을 밟았던 시절을 우리는 어떤 모습으로 기억할까. 그때는 세상 모든 것을 다 손에 넣을 수 있을 것 같은 착각을 하지만, 어른이 되어가면서 겁이 많아지고 용기가 없어지는 나 자신을 발견할 때면 아무도 밟지 않은 숫눈을 밟으며 나의 가장 치기 어렸던, 그래서 용기 있던 그 시절을 생각한다.

사소한 것에도 쉽게 감정이 요동치던 그때. 생각 없이 웃음이 나왔고, 조그마한 일에도 눈물 흘리던 그때의 우리가 참 순수했다는 생각이 듭니다. 당신에게도 그런 시절이 있었겠지요. 대학 신입생 시절 술에 취해 선배에게 말실수했을 수도 있고, 만취해 화장실 변기를 붙잡고 잠이 들었을 수도 있겠네요. 어느 드라마에서 나왔던 그 말처럼 날이 좋아서, 날이 좋지 않아서, 날이 적당해서 모든 날이 좋았던 우리의 스물. 당신의 스무 살을 오늘 떠올려봅니다.

내 뒤통수만 보며 살았을 너

　　옛날부터 동물과 인연이 많았다. 기억도 나지 않는 어린 시절부터 고양이를 안고 다녔고, 강아지를 사랑했다. 강아지가 꼬리를 살랑살랑 흔들면 마음속 정원에서 진한 풀냄새가 났다.
동물을 사랑하는 마음도, 집에서 강아지를 키우자는 의견도 모두 나만의 생각이었다. 부모님은 강아지 관리는 어차피 당신들 몫이니 허락할 수 없다고 했다. 아홉 살 키 작은 아이가 울면서 조른 지 일주일쯤 되었나. 마침, 아버지 회사 동료가 자신의 집 개가 새끼를 낳았는데 한 마리 주겠노라 약속했고, 두 달 후 강아지를 집으로 데려왔다. 흰 바탕에 눈 주위가 까맣고 몸통은 젖소 무늬, 꼬리는 까만색에 끄트머리만 하얀 강아지였다.

　'미미'라는 이름을 지어주었다. 미미는 내가 가는 곳마다 따라다녔다. 친구네 집에 놀러 가고 싶어도 미미 때문에 가지 못했다. 그럴 때는 미미가 미웠다. 친구와 뛰어다니며 자유롭게 놀고 싶은데, 미미는 나에게서 떨어지려 하지 않았다. 미미가 중형견으로 자라고 나서는 쇠 목줄을 묶어 데리고 다녔다. 내가 수시로 쇠 목줄을 놓칠 정도로 미미는 어디든 빠르게 뛰어다녔다. 내게 안길 때도 에너지를 주체 못해 와락 안겨 나를 넘어지게 했고, 산에 올라가 놀다가 도깨비 풀을 온몸에 묻혀 오기도 했다. 난 친구네 집에 못 간다는 것 빼곤 미미의 모든 것이 좋았지만, 엄마는 커진 미미를 버거워했다.

　미미와의 이별은 예상치 못하게 찾아왔다. 너무 진부한 결말이었다. 학교에 다녀오니 미미는 이미 어딘가로 가고 없었다. 아빠는 미미를 돈 몇 푼 받고 팔아버렸다고 했고, 엄마는 미미가 우리 집보다 더 좋은 곳으로 갔으니 아쉬워할 필요가 없다고 했다. 미미를 묶었던 쇠줄은 땅에 아무렇게나 던

져져 있었다. 엄마는 더 이상 개똥을 치우지 않아도 된다는 생각으로 속이 시원해 보였다. 강아지의 목에 쇠줄 말고 부드러이 감기는, 좋은 목줄을 해줄 걸. 헤어짐은 후회를 남겼다.

 우리 집에 가끔 놀러 오는 고양이는 해마다 새끼를 낳았다. 새끼는 꼬물꼬물 우리 집 마당을 누비다가, 어느 순간 한 마리씩 사라졌다. 며칠 전 드디어 개똥 치우는 것에서 벗어난 엄마는 고양이들도 각자 독립을 한 것이라 말했지만, 나는 그 고양이들이 다 죽었을 거로 생각했다. 길고양이의 운명은 그런 것이니까.
눈물 많은 내가 새끼 고양이들이 한 마리 한 마리 없어져도 울지 않을 수 있었던 건 제법 커서도 우리 집 근처를 왔다 갔다 하며 끝까지 밥을 얻어먹는 고양이가 있었기 때문이었다. 우리가 먹다 남은 생선 뼈를 고양이에게 주며 그들이 오래 살기를 기원했다. 혹여나 오래 살지 못하더라도 맛있는 거 많이 먹고 하늘나라로 갔으면 싶었다. 살코기는 한 번도 주지 못했지만 말이다.
더 이상 아기 고양이들이 없어지는 것에 상처받지 않기 위해 어른 고양이에게만 정을 주었다. 하지만 어른 고양이도 마지막엔 나를 떠났다. 길가에 죽어 있거나 언제 있었냐는 듯 사라져 버리는 것이다. 난 참던 눈물을 흘렸고, 주인 잃은, 살코기가 하나도 붙어있지 않은 생선 뼈를 땅에 묻어버렸다. 헤어짐은 또 후회를 남겼다.

　　　대학에 입학하고 혼자 살게 되었을 때, 고양이를 집에서 키우고 싶다는 소원을 드디어 이뤘다. 부모님은 그때도 반대했지만, 나는 완강했다. 몇 년을 기다리던 순간이었다. 새로운 가족과 침대와 책상을 공유했다. 하지만 나는 대학생이었고 집에 붙어있는 날 없이 바빴다.
내 고양이는 항상 혼자였다. 어두운 방 안에서 나만 기다리는 외로운 고양이. 친구들과 술을 마시고 놀러 다니느라 내가 돌보지 못한 노란 고양이. 내가 밤늦게 귀가하면 꼬리를 바짝 올리고 현관문까지 나와 나를 반겼다. 손만 닿아도 골골송을 불러대며 내 손에 자신의 몸을 비볐다.

　　　졸업 후 친하게 지내던 친구들과 멀어지거나 연락이 끊겼다. 친구와 함께 보낸 시간이 허무했다고 생각한 나는, 내 집에 함께 살고 있는 하나뿐인 식구에게 집중해야겠다고 생각했다. 하지만 그 생각이 실천되기도 전에 내 고양이는 떠나버렸다. 헤어짐은 너무도 일찍 다가왔다.

밖에서 노느라 고양이가 아픈 줄도 몰랐다. 헤어질 사람들에게 쓴 시간을 우리 고양이에게 썼더라면 조금이라도 내 곁에 더 잡아둘 수도 있었을까. 이미 늦어버린 청승맞은 생각들. 이별은 살면서 무한대로 반복되지만, 무한대로 아팠다.

며칠 전 김영민 교수의 책 『가벼운 고백』을 읽었다. 책 한 구절이 내 과거의 이별들에서 너만 그런 게 아니라고 위로해 주고 있었다. 실수의 깨달음은 부고처럼 언제나 늦게 온다는, 인생의 오타는 왜 나중에 보이는 거냐는 물음.

그래, 나는 항상 이별이 올 때마다 후회하곤 했다. 고양이를 보낼 때는 함께 시간을 보내지 못한 것, 강아지를 보낼 때는 좀 더 부드러운 목줄을 해주지 못한 것. 이런 후회의 시간이 나만 그런 것이 아니라 모두의 마음이라는 걸 책을 읽고 다시 한번 곱씹었다.

나를 어떤 사람인지 굳이 판단하지 않는 반려동물. 인간은 있는 그대로의 사랑을 주는 순수한 그들의 운명을 쉽게 마음대로 바꾼다. 버리거나, 방치하는 등의 방법으로. 하지만 그들은 우리를 원망하지 않는다. 이들과의 사랑으로 같은 사람과의 관계뿐만 아니라 지나치게 해맑은 동물과의 관계에도 최선을 다하지 않으면 후회가 남는다는 것을 배웠다.

내가 살아가는 속도와 내가 사랑하는 반려동물이 살아가는 속도는 확연하게 차이가 나서, 한 마리의 동물과 우정을 나누는 시간은 생각보다 너무 짧다. 반려동물을 하늘로 떠나보내고 나면 그들과 함께 숨 쉬며 반짝였던 순간들이 찰나처럼 느껴진다. 그래서 최선을 다해야 한다. 그들은 사는 동안 나만, 내 뒤통수만 보며 살아왔기 때문이다.

만약, 내가 마음을 주고 나를 자신의 모든 것으로 생각하는 반려동물이 집에 있다면 매일매일 꼭 안아주기를 바란다. 그래야 그들이 세상을 떠나는 날 **훨훨** 날려 보내줄 수 있으리라.

당신에게도 기억에 남는, 또는 가슴에 묻은 반려동물이 있나요? 요즘 시대에는 가족의 일원으로 많은 사랑을 받고 있습니다. 아무런 대가 없이 온전한 사랑을 주는, 하루의 피로를 풀어줄 뿐만 아니라 힐링마저 선사하는 반려동물을 어찌 사랑하지 않을 수 있을까요. 나의 모든 걸 사랑해 주는 반려동물과의 추억은 절대 잊을 수 없을 정도로 강렬한 기억입니다. 지금 당신만을 보고 있는 반려동물이 있다면 눈을 맞추며 사랑을 속삭여 주세요.

내가 사랑했던 그 향기

1

초등학생 시절 나의 등굣길은 행복 그 자체였다. '김한식 베이커리'라는 간판을 올린, 통유리로 된 빵집을 지나기 때문이다. 이른 아침에 빵집 앞을 지나면 몽글몽글하고 포근한 향이 코끝에 머문다. 다리가 향을 기억하고 나를 이끄는 듯 그 향을 따라 걸어가면 어느새 빵집 안으로 들어가고 있는 나를 발견한다.
내 용돈의 반은 빵집 아저씨 차지였다. 아저씨는 친절하지만, 절도 있어 보이는 사람이었다. 아저씨의 흰 유니폼에는 달콤한 밀가루 냄새가 났다. 이 냄새가 오븐으로 들어갔다 나오면 몽글몽글 고소한 향이 된다는 사실에 매번 설렜다. 아저씨는 흰 가루를 반들반들하고 달콤한 빵으로 변신시키는 세계 최고의 마법사였다. 다른 빵집에서도 고소한 냄새가 나긴 하지만 유년 시절 내가 단골이었던 이 빵집의 냄새는 더 포근포근하고 더 바삭바삭했다.

2

 버스를 타고 집에 가는 길, 다른 때는 맡을 수 없지만 늦봄이나 여름밤에만 맡을 수 있는 향이 있었다. 버스 창문을 통해 따스한 바람결을 타고 오는 향기, 아카시아 향. 버스 안이라 어스름한 달빛 아래 하얗게 빛나는 아카시아 꽃들이 별처럼 반짝이는 그런 아름다운 모습은 미처 볼 수 없었지만, 버스 맨 뒷자리에서 창문을 열면 따스한 바람이 버스 안으로 화라라락 들어왔다.

버스가 달리면 바람 속도에 맞춰 함께 들어오는 아카시아 향은 지금도 그 시절 버스 안으로 나를 데려간다. 밤공기 속에서 더욱 짙어진 아카시아 향기가 온몸을 감싸안아 주는 것 같은 환상. 미세한 풀 향기와 흙냄새가 아카시아 향기와 어우러져 코끝을 찌르면 존재하지도 않은 누군가가 그리워지곤 했다.

3

중학생 단발머리 귀밑 3㎝ 시절, 짝사랑하던 선생님이 있었다. 과학을 가르치는 선생님은 항상 웃는 모습이었고, 그보다 더 인상적이었던 건 다른 사람을 웃길 줄 아는 사람이라는 사실이었다. 아이들은 선생님의 수업을 가장 좋아했고, 매번 화기애애하고 재미있는 수업이었다.

선생님에게는 항상 같은 향이 났다. 목욕탕에 다녀온 아저씨들에게 풍기는 스킨로션 향과는 다른 조금 더 달콤한 향. 선생님이 지나간 자리에는 선생님의 향이 남아 조금 전에 그가 이쪽으로 지나갔다는 걸 알 수 있었다. 선생님이 좋아지니 그의 향도, 그의 발소리도 특별하게 느껴졌다. 다른 사람의 발소리는 구분할 수 없었지만, 과학 선생님의 발소리는 듣자마자 심장이 먼저 반응했다.

다시는 선생님의 향을 맡을 수도 없을뿐더러 어쩌면 지금 맡으면 여느 사람에게서나 나는 향과 크게 다르지 않을지도 모르는 선생님의 향. 하지만 그 시절 나는 선생님의 모든 것이 좋았다. 나를 스쳐 지나가며 났던 선생님의 향이 어떤 향이었는지는 잊었지만, 그때 뛰던 심장과 설렜던 마음은 아직도 생생하다.

4

학교에 오니까 밥을 먹는 건지, 밥을 먹기 위해 학교에 오는 건지 모르던 때. 3교시가 끝나고 4교시가 시작될 때쯤이면 급식실 쪽에서 자연스럽게 흘러나오는 밥 냄새. 아침도 못 먹고 등교하는 날이 많았던 나는, 그 냄새가 좋아서 의식이 아득해지곤 했다.
등교하면 매일 맡을 수 있는 밥 냄새. 갓 한 밥 냄새와 신선한 반찬 냄새가 조화롭게 어우러져 내 코를 자극하면 이때만큼 행복한 때가 없었다. 주말보다 금요일이 더 설레는 것처럼, 나는 밥을 먹을 때보다 밥 냄새를 맡을 때 더 행복했다. 이 냄새도 이제는 맡을 수 없는 추억 속의 냄새가 되었다.

5

나를 설레게 한 냄새는 그 밖에도 셀 수 없이 많다. 인간은 후각을 통해 과거의 기억을 떠올린다고 한다. 그래서인지 보았던 것보다 맡았던 향이 더 애틋하고 그립다. 다시 맡아 보고 싶은 냄새들. 엄마 냄새, 몇 년째 가지고 다니던 애착 인형의 쿰쿰한 냄새, 명절의 음식 냄새, 비 오는 날의 흙냄새, 숲과 풀, 그리고 바다의 향. 오래된 책 냄새와 어릴 적 가장 친한 친구 집에 가면 났던 집 냄새. 다시 맡아볼 순 없지만, 이 향을 흡수해 키가 한 뼘씩 자라서 어른이 되었다.

사람의 감각 중 가장 예민한 감각이 뭐라고 생각하세요? 물론 시각이 압도적이지만, 서로 다른 자극을 구별하는 능력은 단연코 후각이 최고라고 합니다. 사람의 코가 1조 가지 냄새를 구별할 수 있다는 연구 결과도 있네요. 우리의 시각은 최근 자극적인 것에 영향을 많이 받죠. 하지만 후각은 어떤가요? 어떤 냄새를 맡았을 때 추억을 떠올리게 하는 마법을 가지고 있답니다. 나를 어른으로 만들어 준, 내가 성장하고 꿈을 꿀 수 있도록 해준 향기 한 스푼은 과연 무엇이었나요?

이별 두 걸음

아직도 적응하지 못한 것은

특별한 펜팔 친구

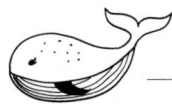

절로 옛 시절을 생각나게 하는 펜팔. 벌써 이십 년 가까이 지난 과거지만, 그때도 인터넷과 전자우편이 나온 지 오래된 후라 손 편지를 쓰는 사람은 드물었다. 싸이월드도 이미 유행이 지난 시점이었다. 그런 시절임에도 나는 손 편지를 주고받을 사람을 찾고 있었다. 혼자만 볼 수 있는 일기를 쓰는 건 재미가 없고, 특정되지 않은 다수를 상대로 글을 쓰기에는 자신감과 실력이 부족했다. 그래서 한 사람을 위한 글을 쓰고 싶었을까?
나의 이름과 주소, 자기소개를 입력하면 그것을 확인한 사람들이 편지를 보낼 수 있는 사이트가 있었다(지금은 상상하기

어렵지만, 개인정보라는 개념이 없을 때였다). 게시물을 올리고 이십여 통 정도의 편지를 받았는데, 열에 아홉은 군인이었다. 그런데 군인 편지들 사이 눈에 띄는 편지가 있었다. 요즘엔 잘 쓰지 않는 흰 편지봉투에 사무용 괘지, 정갈한 궁서체. 요즘은 예쁜 편지지를 많이 사용하는데, 굳이 사무실에서나 쓸 법한 종이를 사용한 걸 보면 예사롭지 않은 사람일 것이라는 추측이 들었다.

고리타분한 편지지와는 다르게 그는 단조로운 일상과 평범한 주제로 글을 잘 쓰는 사람이었다. 호기심이 들었다. 군인들과의 펜팔은 썩 재미가 없었지만, 이 사람과 주고받는 편지는 아직 아이 티를 미처 못 벗은 스무 살 내게 어쩐지 존중받는 어른이 된 것 같은 느낌을 주었다. 나를 '지민 씨'라고 높여주고 꼬박꼬박 높임표현을 썼다. 시 같기도 하고 수필 같기도 한 그의 멋진 문장이 나를 매료시켰다.

그는 내 고민도 잘 들어주었다. 나는 한창 이성 교제에 대해 고민이 많았다. 남자 친구를 만들고는 싶었는데, 나를 좋아하는 사람은 내가 좋아하지 않고, 내가 좋아하는 사람은 나를 좋아하지 않는 아이러니한 상황에 빠져 있었다. 사람 마음은 내 마음대로 안 되는 것이라는 걸 대학에서 배웠다.
이런 내 고민을 펜팔 친구는 아무것도 아니란 듯 누구나 다 그런 때가 있다고 말해주었다. 내 인생이 특이한 것도, 이상한 것도 아니라고. 누구나 이렇게 인간관계나 남녀관계가 맞지 않아 가슴앓이하는 시기는 있을 수 있고, 그렇다고 자신이 못났다거나 못생겼다는 식의 자기 비하는 하지 않아도 된다고 했다. 자신의 매력을 알아줄 누군가는 꼭 나타나게 되어있다고, 마음을 급하게 가질 필요는 없다고도 덧붙였다.
마침, 나는 내가 왜 이렇게 잘난 게 없어서 내가 좋아하는 사람의 이목을 끌지 못하는지 나를 탓하고 있었다. 그는 어른답게 나를 달래고 부드러운 조언도 해주는 나에게는 없어서는 안 될, 믿음직하고도 비밀을 잘 지켜줄 줄 아는 오빠 같은 존재였다.

    편지가 배달되는 주기를 보면 그 사람은 내 편지를 받자마자 답장하는 것 같았다. 나와 같은 또래는 절대 아닐 것 같은 내 펜팔 친구는, 가끔 볼펜으로 작은 점을 찍어 아름답고 큰 장미나 강아지 같은 귀여운 것들을 그려 보내주곤 했다. 몇 년이 지나고 나서 난 그것이 '점묘법'이라 불리는 미술 기법이라는 것을 알았다.
나는 그의 정성이 고마웠지만 한편으로는 시간이 많은 사람이 겠구나 생각했다. 어떤 날엔 자신이 감명 깊게 읽은 책이라며 좋은 구절에 밑줄을 긋고 간단하게 메모한 책을 편지와 함께 보내오기도 했다. 세상에서 하나밖에 없는 책을 선뜻 선물한 그가 고맙기도 했지만, 점점 부담스럽다는 생각이 들기 시작했다.

편지를 주고받은 지 몇 달이 지나고부터는 내가 답장하지도 않았는데 너무 자주 도착하는 편지. 그 주기가 나흘, 사흘, 이틀씩으로 짧아지다가 어느 순간 하루에 두세 통씩 배달되는 날도 있었다. 보통의 일상을 보내는 사람이라면 절대 감당할 수 없는 양이었다. 당혹스럽기도 했고, 나중엔 무섭기도 했다.
그제야 내가 편지를 하며 보고 있는 따뜻한 감성을 가진 이 사람 말고, 사회적으로 이 사람은 어떤 사람인지 알고 싶어졌다. '보내는 사람' 난에 적힌 주소는 경상북도였고, 사서함으로 끝나는 주소였다. 왜 몇 달 동안 평범한 집 주소가 아니었는데 유심히 볼 생각을 하지 않았을까. 검색 사이트에 접속해 검색

창에 그가 쓴 주소를 치고 한 페이지, 두 페이지를 넘기던 중 단서를 발견했다. 그가 점을 찍어 그림을 그리고, 정성 들여 내게 편지를 쓰던 곳은 바로 청송교도소였다(지금은 경북 북부교도소로 명칭이 바뀌었다). 무서웠다.
삼 년 전에 찍은 것이라 보내준 사진 속 그는 나쁜 짓을 할 사람이 아니었다. 강아지와 함께 웃으며 찍은 사진. 마음이 섬세하고 생각이 많은 사람. 그런 사람이 재소자라니. 이 사람은 무슨 죄를 지었을까, 궁금해서 청송교도소를 검색하고 또 검색했다. 음주 운전이나 업무상 과실 같은 비교적 경한 죄를 지은 걸까. 아니면…….

보내온 곳이 어디인지 알고 난 후부터 그에게 예전의 순수한 마음으로 답장할 수가 없었다. 그렇다고 편지를 딱 끊기에는 무서웠다. 내 이름과 주소를 알고 있는 그가 나중에 나를 찾아올지도 모른다는 생각이 들었기에. 고민이 깊어졌다. 어떻게 해야 할까. 누구나 생각할 만한 아이디어밖에 떠오르지 않았다. 유학을 가게 되었다는 어디서 들어봄 직한 어쩔 수 없는 사정. 편지를 쓰고 고치고, 쓰고 고치고를 셀 수 없이 반복했다. 다음날 편지를 발송했고, 답이 도착하는 그 사흘이 얼마나 길게 느껴졌는지.

그는 언제 어디로 가는지, 언제 돌아오는지 같은 것을 물어보는 편지를 여러 번 보내왔다. 나는 차차 편지 보내는 주기를 길게 늘여 답장했고, 그렇게 자연스럽게 연락은 끊기게 되었다. 얼마 후 나는 대학교 근처에서 자취를 시작했고, 그 후 이년 뒤에는 부모님도 그 집에서 이사를 하게 되어 그가 알고 있는 주소지에 나와 관계된 것은 아무것도 남지 않게 되었다. 그제야 완전히 불안감을 떨쳐 버릴 수 있었다. 어쩌면 그는 아무 생각 없었을지도 몰랐지만, 난 그 집을 완전히 떠나올 때까지 불안했다.

나는 그 사람이 어떤 죄를 지었는지, 심지어 정말 재소자였는지조차 모른다. 하지만 확실한 건 미욱했던 내 처신으로 상심에 잠겼을 그 사람 마음이다. 그는 진심으로 나와 우정을 나누었을 텐데, 좀 더 성숙한 대처는 없었을까. 얼굴도 모르고 이름도 가명이었을지 모르는 그와 깊은 곳에 있는 마음을 주고받았던 그때, 나는 부모님과도 나눌 수 없었던 수많은 문제를 그와 상의했다.

갓 어른이 되어 무엇도 확실치 않았던 시절, 나는 그를 말도 안 되는 거짓말로 떠나보냈지만, 그와 내가 주고받았던 많은 편지처럼 나이가 많든 적든, 어떤 사람과도 좋은 친구가 될 수 있다는 것을 알았다. 사회에 나가보니 동갑내기만 친구인 것은 아니었다. 열 살 많은 사람과도 친구가 될 수 있고, 그 반대인 사람과도 친구가 될 수 있었다. 마음만 통한다면 누구든 친구이다. 내 펜팔 친구와 내가 그랬던 것처럼. 내게 많은 조언을 해주고 위로를 해주었던 그가 어떤 사람이었든 지금 와 떠올려보면 참 고마운 사람이었다.

누구에게나 비밀은 하나쯤 있습니다. 비밀을 품고 있는 것도 힘들지만 누군가에게 비밀을 털어놓는 것도 쉬운 일은 아니죠. 하지만 그 시절에는 내 비밀을 모두 털어놓고, 그의 비밀을 내가 지켜주며 마음을 나눴던 이가 한 명쯤은 있었을 겁니다. 지금은 연락이 끊겼을 수도 있지만, 손에 박힌 가시처럼 가끔 나도 모르게 아픔이 밀려오는 기억 너머의 그 사람. 그 사람과의 이별이 내게 준 의미는 과연 무엇이었을까요.

나의 첫 독립

 늦잠을 잤다. 그날은 아침부터 '고전문학의 이해' 수업이 있는 날이었다. 나는 수업 시간이 끝나고 나서야 잠에서 깨었다. 또 결석이었다. 혼자 살고부터 마음대로 사는 삶이 시작되었다. 부모님이 아시면 어린 시절 그때처럼 종아리를 맞을 일이었다.

 나는 스물한 살 때부터 혼자 살았다. 집에서 학교까지는 대구의 서쪽 끝에서 동쪽 끝이었다. 버스를 타면 한 시간 사십 분이 넘는 거리였고, 차를 가지고 가도 길이 막히는 아침에는 두 시간 이상 걸리는 거리였다. 오전 아홉 시 수업을 듣기 위해서는 일곱 시에 버스를 타러 나가야 했고, 밤 열 시였던 통금시간을 지키기 위해서 친구들과 놀 시간도 없이 저녁 여덟 시면 버스를 타야 했다.

스무 살 일 년 정도 그렇게 해보니 몸과 마음이 모두 지쳤다. 매일 세 시간이 넘는 통학 거리와 친구들과 술 한 잔도 못 하고 꼼짝 없이 집으로 가야 하는 마음이 나를 폭발하게 했다.

독립해야 하는 이유는 또 있었다. 부모님과의 사이였다. 표면적으로는 괜찮은 사이였지만 사춘기 이후부터 쌓여왔던 여러 가지 일로 인해 얼른 부모님의 그늘에서 벗어나고 싶었다. 아버지가 밤마다 술을 드시고 와 물건을 부수면 어머니는 그러지 말라고 힘껏 말렸다.

하지만 그런 생활이 반복되니 어머니는 무기력해졌다. 어머니는 나와 동생을 무서움으로부터 지켜낼 힘이 없었다. 학교 근처로 독립하겠다고 했을 때 어머니는 "엄마는 아빠를 선택했지만, 너는 아빠를 선택한 게 아니잖니, 그러니 넌 독립해서 편하게 살아."라고 말했다. 그런 어머니의 설득으로 아버지는 내가 독립하는 것에 동의했다.

처음 혼자 살게 되면서 나는 많은 것을 새로 배워야 했다. 어머니가 조건 없이 해주던 모든 것을 이제 혼자서 해결해야 하는 것이다. 빨래하기 위해 세탁기 작동법을 익혔다. 전원을 켜고 모드를 선택한 후 작동 버튼만 누르면 되는 것이었는데도 부모님과 함께 살 때는 몰랐던 정보(?)였다. 도시가스 요금과 전기요금 내는 것도 배웠다. 가상계좌로 요금을 입금할 수 있다는 것도 알게 되었다.

처음 독립했을 때는 이른 봄이었다. 꽃샘추위에 난방을 많이 하고 살았더니 가스요금이 십만 원이 넘게 나왔다. 첫 가스요금이 십삼만 원이라니. 고지서를 들고 손까지 떨진 않았지만, 심장은 큰일이라도 낸 듯 떨리고 있었다. 그때는 가스요금이 십만 원 나오는 경우가 비일비재하다는 사실을 몰랐다.

비누, 치약과 같은 생필품도 내가 사서 재어 놓지 않으면 아무도 사줄 사람이 없었다. 돈이 모자라 아껴야겠다고 다짐한 날이면 누가 알고 훔쳐 간 듯 샴푸든 린스든 똑 떨어지곤 했다. 배달 음식으로 연명하던 내가 용돈이 떨어질수록 밥이라도 집에서 해 먹자고 다짐했지만, 며칠 지나서는 그냥 굶기로 했다. 요리하는 데도 시간과 돈이 많이 들었으니까.

부모님이 가정생활을 하면서 얼마나 많은 곳에 돈을 쓰고 있는지 몰랐다. 혼자 살아보니 돈은 있는 게 한정이었다. 경제관념이 생기기 시작했다. 부모님과 함께 살 때는 용돈을 받으면 한 번에 다 써버리곤 했는데, 혼자 나와 살면서 부모님이 주신 용돈을 다 쓰지 않고 나눠 쓰는 방법을 배웠다.
아르바이트도 이때 시작했다. 이제는 용돈에 내가 아르바이트한 돈까지 보태서 생활해야겠다고 생각했고, 조금씩 부모님께 받는 용돈을 줄여 나갔다. 그것이 졸업 후에 바로 일을 할 수 있는 힘이 되었다.

　　　　부모님과의 분리는 나를 자유롭게 만들어 주기도 했다. 이제는 더 이상 통금시간에 맞춰 집에 들어갈 필요가 없었다. 친구 집에서 술을 잔뜩 먹어도 말릴 사람이 없어진 것이다. 학교에 하루 이틀 가지 않아도 아무도 뭐라 하는 사람이 없었다. 부모님은 아무것도 모르고 딸이 학교에 빠지지 않고 열심히 다니고 있을 거라고 믿고 계셨을 것이다. 갓 독립을 한 후엔 몰랐지만 지금 생각해 보면 내가 독립하고 난 후에 느꼈던 단점이 장점이 되었고, 장점이라고 느꼈던 것들이 단점이 되었다.

아버지는 내가 나와 살고부터 사랑한다는 말을 자주 하셨다. 아버지의 전화도 귀찮아서 일부러 받지 않은 때가 많았다. 놀고 있을 때 전화를 받으면 이상한 죄책감에 자꾸 공부하고 있다고 거짓말하게 되었기 때문이다.

지금 생각해 보면 딸이 보고 싶어 걸었던 전화를 조금 더 친절하게 받아줄걸 하는 후회가 밀려든다. 아버지를 미워했지만, 이제는 아버지를 누구보다 사랑하는 내가 그때는 아버지와 몸으로도 마음으로도, 그리고 전화로도 떨어져야만 행복해질 수 있을 것 같았다.

스물한 살 이사 하던 날 눈물을 훔치시던 부모님의 모습이 아직도 생생하다. 나는 슬픔보다는 설렘이 훨씬 컸지만, 부모님은 딸과의 이 이별이 다시는 함께 살지 못할 계기가 될 거라는 걸 아셨다. 나는 졸업을 하고 나서도 집으로 돌아가지 못했다. 혼자 살던 습관이 남아있어 부모님과 함께 사는 생활에 적응을 못 해서다. 이제는 오랜 세월이 지나 아버지는 자상하고 유쾌하기만 한 사람이 되었고, 어머니는 아버지와 사이좋게 잘 지내고 있다.

부모님과의 사이를 이제 와 반추하면 모두 후회의 역

사였다. 부모님께 모진 말을 했던 사춘기 시절, 편하게 살고 싶은 욕심으로 했던 거짓말과 엄살을 모른 척 받아주었던 부모님의 사랑을 알지 못하고 그들도, 그들의 사랑도 피하고만 싶었던 대학 시절. 결혼하면 이제 정말 부모님과 살 일이 없는데 결혼 전 몇 달이라도 함께 살아볼걸 하는 지금의 후회까지. 헤어짐은 후회를 남긴다는 유명한 명언이 가장 잘 통하는 사이는 아마 부모와 자식 간의 사이지 싶다.

부모님과 나는 한 번 이별했지만 전화하면 목소리를 들을 수 있고, 찾아가면 만날 수 있다. 운명으로 정해져 있을 우리의 다음 이별 때 나는 또 후회할 것이다. 할 수 있을 때 자주 찾아뵙고, 시간을 함께 보내야 한다. 전화하고, 함께 웃으며 여행하는 그들과 내가 되어야 한다. 우리가 같이했던 오랜 세월이 행복한 시간이었다고, 서로를 이해하는 세월이었다고 말할 수 있다면 더할 나위 없이 좋겠다. 오늘은 부모님께 전화 한 통 해봐야겠다.

부모님과의 사이는 자칫 잘못하면 남보다 더 멀게 느끼는 사이가 되기도 합니다. 친구나 지인보다 서로에 대해 더 모르고 있을지도요. 엄마가 무슨 음식을 좋아하는지, 아버지가 무슨 색을 좋아하는지 모르듯이 말입니다. 내가 부모님에 대해 잘 모르고 있다면, 반대로 서로를 더 알아갈 수 있는 범위가 넓다고 생각해 보면 어떨까요. 그리고 연인의 취향을 알아보듯이 부모님의 취향과 마음을 알아봐 주는 시간을 가져 보세요.

행성으로 돌아간 노랑 고양이

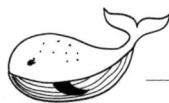

    고양이를 사랑하게 되면 빠져나갈 수 없는 꽉 막힌 길에 봉착한 것과 다름없다. 퇴로 따위는 없다. 그 길에 나는 겁도 없이 발을 들였다.

내 첫 고양이 이름은 '야옹이'였다. 너무나 평범해서 이름처럼 들리지 않는 이름. 동네 포장마차에서 순대를 얻어먹고 있던 야옹이를 데려와 예쁜 이름을 지어주기 위해 며칠간 고민했다. 그사이 내 영특한 고양이는 벌써 자기 이름을 야옹이로 인식하고 "야옹아~" 하고 부르면 쪼르르 달려왔고, 그래서 야옹이가 되었다.

노란 줄무늬 야옹이는 내가 잠들면 등 뒤로 와 자신의 등을 맞대고 잠을 잤다. 내가 자는 사이 야옹이는 잠에서 깨어 물을 마시고, 사료를 먹고 다시 아무 일 없었다는 듯 내 등 뒤에서 잠을 청한다.

야옹이는 내가 부르면 어디에 있든 뱃살을 출렁대며, 뛰는 것도 걷는 것도 아닌 속도로 내 앞에 온다. 그러면 나는 내 밥을 차리다 멈추고는 바닥에 털썩 주저앉아 야옹이의 온몸을 쓸어내린다. 얼굴을 마사지하고 등, 배, 다리까지 주물러 주면, 야옹이는 만족스러운 표정으로 고르릉 소리를 내며 모로 누워 내게 몸을 맡긴다. 그사이에 내 밥은 식어버린다. 그래도 우리 둘에게 가장 행복한 시간. 이 시간이면 매일 가슴이 벅차서 이 작은 생명이 영원히 살 수 있다면 좋겠다고 생각한다.

야옹이는 자기 이름을 며칠 만에 알아들은 것만 봐도 특별하고 똑똑한 고양이였다. 보통 강아지에게나 할 수 있다는 갖가지 묘기를 모두 섭렵했다. 손을 주는 건 물론이요, '엎드려'도 가능했다. 무엇보다 영특한 것은 내가 어디에 받히거나 찍혀 "아!" 하고 소리를 내면, 야옹이는 어딘가에서 숨어 잠을 자다가도 위급한 일이 생겼다는 듯 내게 뛰어와 발을 핥아 주었다.

고양이를 싫어하는 엄마도 이런 야옹이를 보고 신통한 고양이라고 예뻐했다. 나는 야옹이가 기특하고 재미있어서 다치지도 않았는데 "아!" 소리를 내어 야옹이를 소환했다. 우리 집 둘째 초코와도 사이좋게 잘 지냈다. 짐짓 언니 같은 행동으로 초코를 감싸줄 때면 야옹이가 사람이 아닐까 싶었다.

어느 날 갑자기 야옹이는 하늘로 돌아갔다. 그때 야옹이의 나이는 일곱 살. 고양이 나이 일곱 살이면 그렇게 많은 나이는 아니라고 생각했고, 무엇보다 헤어짐에 대해 생각해본 적 없었다. 우린 그저 함께 행복한 날을 보내고 있었다. 야옹이의 병이 진행되고 있는지도 모른 채.
그날 저녁 친구와 통화를 하고 있는데 잘 자고 있던 야옹이가 갑작스럽게 호흡곤란을 일으켰다. 자신도 놀랐는지 동공이 커져 이리저리 돌아다니며 숨을 헐떡였다. 그러다 빨간 피를 토하며 야옹이는 쓰러졌다. 쓰러진 야옹이를 안고 24시간 동물병원으로 데리고 갔지만 도착했을 때는 벌써 심장이 멈춘 후였다.

야옹이의 죽음이 너무나 갑작스러워서 제대로 인사도

하지 못하고 떠나보냈다는 사실에 발작적으로 울음이 나오고 다리가 풀렸다. 서 있을 힘조차 없이 바닥에 털썩 주저앉아 오열했다. 다른 사람의 눈까지 의식할 여유가 없었다. 귀가 들리지 않을 정도로 울고 나서야 정신을 차리고 식어가는 야옹이를 데리고 동물병원을 나왔다. 야옹이 없는 삶을 분명 이십 년 넘게 살아왔는데 그 과거가 기억나질 않았다. 앞으로 야옹이가 없는 삶을 살아야 한다는 것이 무서웠다.

야옹이를 보내지 못하고 나는 밤새 야옹이를 쓰다듬고 또 쓰다듬으며 울고 그치기를 반복했다. 야옹이가 간 후 초코는 며칠간 곡기를 끊었다. 접대묘였던 초코는 그날부터 틈만 나면 숨는 고양이가 되었다. 야옹이와 함께 살을 비비며 의지하던 초코도 야옹이와의 이별이 갑작스러워서 힘든 날을 보내고 있는 것 같았다. 초코도 나처럼 더 잘해주지 못한 것을 후회하고 있을까?

고양이가 있어 견뎠던 내 젊은 날을 생각한다. 혼자 살면서 외로울 때면 야옹이를 주무르고 만지며 나를 위로했다. 회사에 죽도록 가기 싫은 날에도 '이 아이들을 먹여 살리려면 내가 일을 해야지.' 하며 무거운 다리를 이끌고 출근했다. 야근으로 지친 나를 맞이 해준 것도 야옹이와 초코였다.
그들은 내 발소리를 알았다. 다른 사람이 지나가면 전혀 신경 쓰지 않는데, 내가 회사에 다녀와서 문을 열면 둘 다 앞발을 가지런히 모으고 문 앞에서 나를 반가이 맞이했다. 너무 외로워서 눈물 나는 날에는 체온이 그리워서 야옹이, 초코의 꼬리를 붙잡고 잠드는 날도 있었다. 그렇게 나는 그들에게 너무나 많이 의지하고 있었다.

　　야옹이의 눈은 옆에서 보면 유리구슬, 앞에서 보면 어떤 이름 모르는 작은 행성 같았다. 야옹이는 그 행성으로 돌아갔을지도 모른다. 야옹이는 행성으로, 나는 일상으로 돌아갔지만, 비가 오는 날에는 야옹이가 보고 싶어 한없이 눈물을 흘렸다. 같이 있진 않아도 이 세상 어딘가 있다면 찾아가서라도 볼 텐데, 어디로 찾아가야 야옹이를 만날 수 있을지 몰라 절망스러운 날들이었다.
하지만 우리는 언젠가 어디선가 다시 만날 거라 생각하며 힘든 날을 버텼다. 비가 내리는 창밖을 보고도 눈물을 흘리지 않는 데 꼬박 삼 년이 걸렸다. 그때 나는 처음으로 죽음이라는 걸 경험했다. 너무 보고 싶어도 볼 수 없는 것, 내 손에 야옹이의 촉감은 아직도 생생한데 더 이상 만질 수 없는 것이 죽음이었다.
나는 지금도 고양이를 키우고 있다. 그리고 이제는 알고 있다. 이 아이와 언제 갑자기 헤어질지 모른다는 사실을. 그래서 만져 줄 때 최선을 다해서, 눈을 맞출 때도 오늘이 마지막인 것처럼 최선을 다해 눈을 맞춰야 한다는 걸.

야옹이의 죽음이 내게 준 것은 존재하는 모든 것의 소중함이었다. 우리는 언제 헤어질지 모르는 삶을 살며 영원히 살 것처럼, 영원히 함께 있을 것처럼 행동한다. 하지만 헤어짐은 갑자기 찾아오는 것이다. 인사도 못 하고, 사랑한다는 말도 못 하고 헤어질 수 있는 것이 죽음이다.
내가 사랑하는 야옹이의 죽음을 겪으며 나는 가족에게 더 신경 쓰게 되었고, 내가 사랑하는 모든 것을 소중히 여기게 되었다. 걷다 우연히 마주친 길고양이도, 친구네 집 늙은 강아지도 모두 귀한 생명이다. 그것을 미련하게도 내 고양이의 죽음으로 깨달았다.

우리는 유한하기에 아름답지만, 그렇기에 각자가 슬

픈 존재다. 한 번밖에 없는 삶, 언제 헤어질지 모르는 슬픈 존재인 우리는 서로를 껴안아 주며 살아야 한다. 꼭 껴안아 주며 사랑해 주어야 한다. 그리고 서로에게 감사해야 한다. 그들을 위해 할 수 있는 것을 기꺼이 해야 한다.

사랑하는 존재를 보내고 나면 필연적으로 후회가 남는다. 하지만 조금이라도 후회를 덜 하기 위해서는 그들을 위해 내 삶을, 내 마음을 충분히 나눠 주어야 한다. 마음을 다해 서로를 아껴주는 일. 그것만이 내가 주변 사람들을 위해, 그들의 유한한 생을 위해 할 수 있는 최소한의 일이다.

마지막으로, 귀한 생명, 귀중한 내 가족과 친구를 아껴주고 사랑해 주기 위해서는 내가 나를 가장 먼저 사랑해 주어야 한다. 잘 먹이고, 잘 재우고, 내면의 하소연을 잘 들어주어야 한다. 즐거울 때는 즐거워할 수 있게 마음을 활짝 열어 주고, 슬플 때는 그것을 잘 극복할 수 있게 자신을 위로하고 잘 다독여야 한다. 그래야만 남을 더 사랑할 수 있고, 마음을 나눠 줄 수 있는 여유가 생긴다.

야옹이는 나와 함께 있는 시간 동안 행복했을까. 나를 사랑하고 달랠 마음의 여유가 없었던 시절에 만나 후회할 일만 가득 만들었던 그때의 나를 야옹이는 용서했을까. 나이가 들어감에 따라 나를 사랑하는 법을 더 알게 된 지금, 야옹이를 다시 만난다면 나는 조금 더 최선을 다할 수 있을까. 노랗고 부드러운 털이 그리워지는 밤이다.

내가 사랑하는 것들과 마음을 나누고 마음껏 애정을 쏟기 위해 나는 무엇을 노력했는지 생각해 보게 됩니다. 영원히 떠나버린 존재와의 사랑은 눈물을 낳고, 후회를 남깁니다. 죽음이 갈라놓는 이 이별을 나는 어떻게 감당해 왔고, 어떤 방식으로 승화시켜 왔는지 생각해 보세요. 앞으로 닥치게 될 죽음으로써의 이별에 대해 진지하게 생각해 보아야겠습니다.

내 어린 동생의 그림

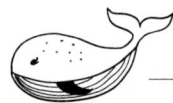

　　　　동생은 그림과 시가 아주 많이 닮은 예술이라고 했다. 시는 짧은 몇 단어의 조합으로 보이지만 그 적은 글자 수가 무색할 정도로 여러 가지 의미를 담는 예술이고, 그림은 도화지 딱 한 장으로 세상 속 많은 의미를 담은 예술이라고. 표현의 방식과 재료가 다를 뿐 둘 다 말하고자 하는 많은 것을 꼬깃꼬깃 접어 작은 종이로 된 몸체에 구겨 넣는 몹시 어려운 예술이라고 말이다.
동생이 삼 년 넘게 다니던 회사를 그만두고 쉬겠다고 했을 때, 아버지는 쉬는 동안 무얼 할 건지 따져 물으셨다. 동생은 무심한 표정으로 "차차 생각해 보려고요." 하고 대답했다. 아버지는 회사를 그만둔 동생이 인생 전체의 패배자라도 된 양 잔소리와 걱정을 한 보따리 쏟아내셨지만, 동생은 크게 개의치 않은 듯 보였다.
며칠 후 동생은 내게 전화를 걸어와 그림을 배우기로 했다고 말했다. 반가운 용건이었다. 단순히 미술학원을 다니면서 그림을 배워보고 싶다는 동생의 짧은 말이었지만 이제라도 내가 좋아하는 걸 맘껏 하며 즐겁게 살겠다는 다짐처럼 들렸다.

연노랑, 노랑, 진노랑, 연주황, 탁한 노랑. 많은 노랑이 얼기설기 섞여 자리 잡은 캔버스 배경. 중간에 까만 고양이가 앉아 있는 그림. 고양이가 앉아 있는 테이블도 바다색, 하늘색, 조금 더 연한 푸른색, 파란색, 퍼런색, 푸르스름한 색. 앞을 보고 있는 고양이의 옆 모습을 그렸지만, 시선은 30도 정도 위로 있다. 앞발을 가지런히 모으고 꼬리는 앞발 쪽으로 휘감아 단도리를 잘한 얌전하고 우아한 고양이였다.
까만 고양이였지만 까만 고양이가 아니었다. 진보라, 진남색, 푸른빛이 도는 검정, 노란빛이 아주 약간 섞인 검정, 붉은빛이 가미된 검정까지. 세상 모든 검정이 모여 한 마리 고양이를 이루고 있었다. 그냥 대충 보면 연주황쯤 되는 배경에 샛노란 눈동자를 가진 까만 고양이가 푸른색 테이블에 앉아 있는 그림인데, 같은 색이 하나도 없다. 그래서 고양이는 더 오묘한 느낌을 준다.
그림을 그린 재료는 유화라서 붓의 질감과 방향이 그림 속에 모두 드러나 있다. 4시 방향으로 칠했다가, 7시 방향으로 칠했다가, 11시 방향으로 칠했다가, 힘주어 칠했다가 나비가 내려앉듯 살짝만 칠하기도 했다.

"미술학원 선생님이 얘기하시더라고. 까만 고양이를 그릴 때도 검정을 쓰지 말래. 여러 가지 색을 섞어서 검정을 만들어 쓰면 더 깊이 있는 검정이 된다고 하더라. 같은 검정인데도 무슨 색을 섞어 만드느냐에 따라 분위기가 달라지는 거지. 우리도 사실은 어떤 물체를 보든 한 가지 색을 보는 게 아니라 빛 각도에 따라서 몇백, 몇천 가지의 색을 한 번에 보게 되는데, 우리는 너무 색깔을 재미없게 보면서 사는 것 같아. 꼭 크레파스 24색 보듯이 말이야."

그림 속 고양이를 그리며 인생을 생각했다는 동생의 말이 마음속 깊이 다가왔다. 여러 가지 색의 고양이처럼 내 동생에게는 여러 가지 꿈이 있었고, 여러 감정이 있었을 것이다. 어릴 적 매일 같이 반복되던 가정불화에도 묵묵히 자신의 인생을 똑바로 걸어가던 대견한 동생. 비로소 지금에서야 자신이 처해 있는 상황에서 조금 위를 바라볼 여유가 생긴 내 동생은 그림 속 검은 고양이처럼 단아하지만 굳건하게 삶을 겪어내고 있다.

　　내가 글을 잘 쓰고 싶어 하는 것처럼 동생은 어릴 적부터 그림을 잘 그리고 싶어 했다. 삼십 대에 접어들며 인생의 숙원사업을 하나씩 해결해 나가고 있는 우리 자매는 자주 전화 통화를 하는데 대부분 서로의 그림과 글에 대해, 그것을 대하는 마음가짐에 관해 이야기한다. 서로의 작품(?)을 바꿔보며 평가해 주기도 하고 응원의 말을 하기도 한다.
요즘은 그림을 배우면서 몰랐던 것을 알아가는 게 기쁘고 마음이 벅차오를 때도 있지만, 몸이 마음처럼 따라주지 않아 때려치우고 싶을 때도 많다고 말하는 동생의 목소리에서 마냥 힘들지만은 않은 묘한 만족감을 느끼곤 한다. 나도 덩달아 신나는 이 기분.

저마다 자신만의 행복이 있다. 행복하게 잘 산다는 것도 12색, 24색 정도의 기준으로 나눌 수 없다. 동생이 말한 몇천 가지 색깔만큼, 아니 지구상에 살고 있는 사람 수만큼의 행복이 존재한다. 나와 내 동생, 그리고 우리와는 너무 다른 나의 아버지. 저마다 행복의 색깔이 다르다. 가족이라고 해서, 한 캔버스 안에 있다고 해서 모두 같은 색은 아니다.
동생은 일할 때보다 돈을 아껴 쓰면서 조금 불편하게 생활하고 있지만 일할 때보다 훨씬 평화로워 보인다. 아버지는 회사에서 월급을 받아 자식들 비싼 소고기 사줄 때 가장 행복해 보인다. 내 남편은 나와 침대에 누워 늦잠을 잘 때가 행복하다고 했고, 나는 고양이를 쓰다듬으며 재미있는 책을 읽을 때 기쁨을 느낀다. 내 옆 사람의 행복이 나의 행복과 꼭 같은 색깔은 아니다.

모두가 이렇게 다른데 서로 한데 어울려 살며 하나의 완성된 그림을 이룬다는 것이 신비롭게 느껴진다. 같은 색이 하나도 없는 동생의 그림처럼, 같은 색이 없어서 오묘한 그림 속 고양이처럼 이 세상이 살아갈수록 다채롭고 그래서 더 재미있다. 언젠가는 다시 생활 전선으로 돌아가야 할 날이 오겠지만 답답하고 판에 박혀 있던, 원하지 않는 일상과 잠깐의 별리를 선언하고 자신의 행복을 찾아가고 있는 동생이 참으로 대견하다.

우리 사회는 타인과의 비교를 통해 행복 수치를 정합니다. 어릴 적부터 경쟁하며 살던 우리에게 남겨진 습관, 버릇이라고나 할까요. 평생을 남과 비교하면서 살다가 나이가 들면서 행복을 바라보는 관점이 달라집니다. 너무 늦지는 않았을까. 하지만 괜찮습니다. 지금이라도 내가 바라는 행복을 찾을 수 있다면 진짜 행복해질 수 있으니까요. 행복을 찾는 행위가 나에게 무엇을 선사해 주는지, 나의 행복은 무슨 색인지 오늘부터 상상해 보세요. 아주 사소한 것부터 달라지는 게 느껴질 겁니다.

처음엔 다 그래!

    일찍 일어나기 싫어서 첫 직업을 학원 강사로 선택했다. 학원으로 첫 출근 했을 때 나는 스물세 살이었다. 그때 나는 하나도 다듬어지지 않은, 아무것도 할 줄 아는 것이 없는, 그냥 어린애였다.

국문학을 전공했다고 국어 강사 면접을 하러 갔다가 수학 강사가 더 급하다는 이유로 수학을 가르치게 되었는데, 어울리지 않게 나는 학창 시절 수포자(수학을 포기한 자)였다. 다행히 이 학원은 강사 교육시스템을 잘 구축해 놔서 나 같은 신입 강사도 아이들을 잘 가르칠 수 있게 훈련할 수 있었다. 훈련받은 지 8주 만에 나는 대형 학원 강사가 되었다.

문과 출신이라는 핸디캡으로 고등학생이 아닌 초등학생과 중학생을 가르치긴 했지만, 수학 포기자였던 내가 방정식이나 함수를 그래프까지 그려가며 설명할 수 있게 되었다는 것이 어쩐지 이상하고 신기했다. 불과 몇 년 전까지만 해도 학생용 책상에 앉아 있던 내가 선생님으로서 교단 위에 서 있다는 것도. 그러나 기쁨도 잠시, 난 이내 아무것도 할 줄 아는 것이 없는 사람으로 돌아갔다.

    학원에는 나와 나이가 세 살에서, 많게는 스무 살 차이 나는 강사가 함께 일하고 있었다. 실수가 잦고 모르는 것투성이라 허둥지둥 일하는 나와 달리 그들은 넘치는 여유로 자기 일을 제대로 해내는 멋진 직업인이었다. 그중 서른 살에 긴 생머리를 한 카리스마 여선생 K가 있었다. 그녀는 나의 꿈이었다. 수업도 깔끔하게 잘하고, 아이들을 대하는 자세도 맺고 끊음이 분명했다. 심지어 학생들에게 나눠 줄 프린트물을 인쇄해 스테이플러로 찍는 것도 나보다 두 배나 빨랐다.
학생들은 선생님의 경력과 역량을 귀신같이 파악했다. K 선생이 맡고 있는 반 학생들은 숙제를 빠짐없이 해왔다. 반면에 우리 반은 숙제를 해 오지 않은 학생이 너무 많아서 그 학생들을

지도하느라 나는 퇴근 시간을 넘기기 일쑤였다. 나중에는 나 같은 선생을 만나서 학생들이 불쌍하다는 생각이 들 정도였다. 내가 학생들에게 선생으로서 제대로 지도하고 있는지 항상 의문이었다.
'내가 가장 늦게까지 남아서 공부하고 연구하는 것 같은데 왜 나는 항상 다른 선생님들보다 못할까?'
나는 왜 그들보다 수업도 못 하고 학생들을 잘 다루지도 못하는지 이해하지 못했고, 사소하게는 채점 속도까지 느려 자괴감이 들었다. 그들이 열심히 노력한 세월은 깡그리 무시한 채로 말이다.

운전도 그랬다. 다른 사람들은 태어나면서부터 운전 실력 정도는 타고 태어나는 것처럼 도로 위에서 질주하는데, 나는 차선을 지켜 전진하는 것조차 어려워서 출근 시간마다 이마를 따라 흐르는 식은땀을 닦으며 차를 몰곤 했다. 다른 사람들이 천재인 건지, 아니면 나만 바보인 건지 고민했던 날들이었다.
차선 변경은 또 얼마나 어려운지 거울로 한참을 봐도 뒤차가 내 차와 얼마나 가까이 있는지 가늠이 안 돼 핸들만 이리저리

삐뚤빼뚤 돌리다가 차선 바꾸는 일을 실패한 적이 한두 번도 아니었다. 양옆으로 주차해 놓은 좁은 길이 나오면 겁이 나서 큰길로 돌아가다가 친구와의 약속이나 결혼식 같은 중요한 일에 늦는 것도 일상이었다.

세월이 흘러 내가 대단하다고 여기던 어른들보다 내 나이가 더 많아졌다. 이 나이쯤 되면 처음 하는 것들도 내가 평소 해왔던 것들처럼 백 퍼센트 능숙하게 해낼 줄 알았는데, 여전히 쉽지가 않다. 아직도 처음 해보는 일에는 허둥지둥하고, 예상치 못한 상황을 만나면 안절부절못한다. 마음은 그대로, 얼굴만 여물어 가는 것 같다. 제 일을 똑똑하고 능숙하게 처리하던 그 사람들도 서툰 자신을 데리고 살기 위해 얼마나 많은 시간을 견뎌왔을지 이제야 알 것 같다.
그나마 다행인 것은 처음 만나는 일이라 당황하던 시간이 조금 줄었고, 적응하는 시간이 빨라졌다는 것이다. 서툴던 나의 젊은 시간이 어디선가 하나둘 쌓이고 있는 듯하다. 나는 몇 년 전 직업을 바꿨고, 이로써 신입 시절을 두 번 겪었다. 두 번째 신입 시절은 적응하기가 훨씬 나았다.

누구에게나 처음은 다 있다. 처음이든 그렇지 않든 실수는 따르기 마련이다. 그걸 생각하지 않고 나는 초보 시절을 얼른 끝내려고 눈물을 흘리며 지나치게 아득바득 노력했다. 이제 와 생각해 보면 그럴 필요가 없었다. 초보 티를 지나치게 빨리 벗기 위해 스트레스를 받아 가며 모든 것에 임하지 않아도 괜찮다. 직장에서나 사회에서 조금 실수해도 다 용인이 되는 때, 모르는 것을 선배에게 물어보면 귀염을 받는 유일한 시절. 초보 시절도 나름대로는 다시 돌아올 수 없는 아름다운 시절이다. 시간에 나를 맡기고 하루하루 최선을 다하다 보면 어느샌가 성장한 내가 되어있다.

인생을 살아가는 것은 누구나 처음이다. 우리는 어쩌면 인생에서의 초보 생활을 영원히 벗어날 수 없을지도 모른다. 하지만 그래서 인생은 재미있고, 흥미로운 것이다.

'초보'의 사전적 의미는 처음으로 내딛는 걸음이라고 합니다. 우리는 평생 초보자인지도 모릅니다. 지금의 나이대를 살아가는 이 순간도 어쩌면 처음인 셈이니까요. 초보 시절의 실수 때문에 밤마다 이불 킥을 하던 때가 우리에게는 있습니다. 하지만 시간이 지나고 보면 별것 아닌 일이 되고 말죠. 나는 초보 시절에 어떤 실수를 했는지 떠올려보세요. 만약 지금 초보라면 그냥 현재를 즐겨 보세요. 그 일을 잘하게 되면 무엇이든 용인되던 꼬꼬마 초보 시절이 그리워질지도 모르거든요. 서툴지만 풋풋한 시절을 한껏 즐길 수 있길 바랍니다.

이름의 무게

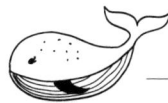

 "요즘 우리 집에 밥 먹으러 오는 고양이가 하나 있다? 동네에 한 번도 안 보이던 색인데 언제부턴가 보이더라고." 엄마가 고기를 먹다가 말했다. 동생은 엄마가 찍어온 고양이 사진을 보고, "예쁜데 이름이라도 지어줄까?" 하고 물었다. "아니, 이름을 붙이면 하나밖에 없는 고양이가 되니까 안돼." 나는 퉁명스럽게 말하곤 고기를 대충 집어 입에 넣었다. 내가 그 순간 느낀 것은 이름의 무게였다.

 이름을 지어주면 그 대상은 나에게 하나밖에 없는 존재가 된다. 이름을 붙여 주었다는 사실에 어떤 형태로든 책임을 져야 한다. 항상 오던 시간에 오지 않으면 언제쯤 오려나 눈길이 대문 앞을 떠나지 않고, 평소와 다른 행동을 보이거나 행여나 다치기라도 하면 그 작은 것이 애간장을 녹인다. 어느 날 갑자기 나타났다가, 또 어느 날 갑자기 사라져 버리는 길 위의 가녀린 생에 이름을 붙여 주었다가는 눈물 흘릴 일이 생겨버린다.

며칠 전, 출근길 도로 가장자리 옹벽 위 구석에 까만 고양이가 등을 보이며 웅크려 자고 있었다. 차와 사람들이 다니는 도로와 멀지 않은 자리에서 웅크리며 자는 고양이가 하도 신기해서 핸드폰을 켜 사진을 찍었고, 고양이를 만지려고 시도했다. 옹벽이 높아 손이 닿지 않아서 아쉬웠다. 나는 이내 자리를 떴다.
같은 날 퇴근길에도 그 고양이는 같은 자세로 자고 있었다. 다음 날 아침에도 마찬가지였다. 이쯤 되니 이상한 생각이 들었다. 일단 출근하고 오후 퇴근길에 자세히 보기로 했다. 일하는 내내 그 고양이의 모습이 머릿속을 떠나지 않았다.
퇴근 시간이 되고 나는 평소보다 조금 일찍 회사에서 나왔다. 고양이 때문이었다. 그 고양이는 같은 자리에 같은 자세로 웅크려 자고 있었지만, 어제와 한가지 달라진 점이 있었다. 주위에 날아다니는 파리. 내가 발견하기 며칠 전부터 그 고양이가 아마 그 자리에 있었을 것임을 파리들이 말해주었다. 근처 행정복지센터에 연락해 고양이를 치워달라고 했다.

내가 모를 뿐 이 고양이에게 아주 예쁜 이름이 있었을지도 모른다. 인자한 웃음을 짓는 아주머니에게 고르릉 소리를 내며 '까망이, 양말이, 초코, 이쁜이.' 같은 것으로 불리며 맛있는 참치통조림을 얻어먹었을지도. 다행이라고 생각했다. 내가 모르는 고양이라서. 적어도 내가 붙여 준 이름은 없는 고양이라서, 발만 하얀 그 까만 고양이의 이름을 지어줄 기회가 없었던 것은 정말 다행이었다. 난 울지 않았다.
집에 돌아와서도 그 고양이의 윤기 나는 까만색 뒤통수가 생각났다. 이름을 붙여 줄걸. 세상에 태어나 한 번도 이름을 가져 본 적 없이 외롭게 떠났으면 어쩌지. '까망이, 양말이, 초코, 이쁜이.'가 아니라 아무도 태어났는지 모르게 태어나 아무도 모르게 떠나버린 거면 어떡하지.

이름은 누군가에게 하나밖에 없는 소중한 존재라는 표

식이다. 아무에게도 소중한 존재가 되지 못하고 떠났을지도 모르는 고양이의 부고를 아무에게도 알릴 수 없어 늦게서야 슬퍼졌다. 문득 엄마네 집에 밥을 먹으러 온다는 그 고양이가 생각나 엄마에게 전화를 걸었다.
"오랜만에 전화해서 넌 목소리가 왜 다 죽어가니."
"엄마 그 고양이 이름이 뭐야?"
"누구? 아, 걔? 그냥 야옹이라고 부르지. 밥 달라고 야옹야옹 우니까."
"다행이다. 걔는 흔한 이름이라도 이름이 있어서."
엄마는 얘가 갑자기 전화해서 별소리를 다 한다며 웃었다.

    이름 없는 존재에 대한 사랑은 이름이 없어 자칫 아무도 모르게 사라질 것들에 대해 특별히 포착한 사랑이라는 데 의미가 있다. 무엇에게든 이름을 붙인다는 것은 그것이 자신에게 하나뿐인 존재가 된다는 뜻인데, 이름을 붙여 주기도 전에 곁을 떠나버리는 존재는 그 나름의 또 다른 미련을 남긴다. 두세 글자의 짧은 단어만 이름이 아니다. 사람들은 모든 존재에 자기만의 이름을 붙인다. 그 이름이라는 것이 언어로 표현되는 이름일 필요는 없다. 내게 아무것도 아니었던 것이 죽음으로써 특별해지는 상황은 이름이 없어도 누군가에게 잊지 못할 존재가 될 수 있다는 걸 알려준다. 누군가에게 살가운 이름으로 불리든 그렇지 않든 생명을 가진 우리는 특별하다.

김춘수의 〈꽃〉이라는 시가 유명해지면서 시인의 의도와는 다르게, 우리는 우리가 이름 붙인 것만이 의미 있다고 생각합니다. 하지만 언어로 이름 붙이지 않아도 가슴속에 남아 오랫동안 나를 아프게 하거나 기쁘게 하는 존재가 있었을지도 몰라요. 제 이야기처럼요. 혹시 당신 곁에도 이름은 없지만 그 존재만으로도 관심이 가는 그 무엇이 있다면 눈여겨 보세요. 어느 순간 훅하고 당신 인생에 들어올 수도 있을 테니까요.

이별 세 걸음

어른의 이별공식

그렇게 이혼했습니다

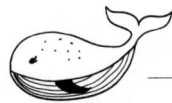

나는 문어를 씹으며 무심하게 말했다.
"우리 이혼해."
"갑자기? 문어 먹으면서?"
"응, 이혼해. 이렇게는 도저히 못 살겠어."
"장난치지 마. 갑자기 헤어지자고?"
"응"
난 문어를 쥐고 있던 그의 젓가락 아래로 이혼 신청 서류를 내밀었다. 이렇게 우리는 이혼하기로 했다.

이혼이 답이라는 냉정한 내 말을 듣고 그는 아이같이

엉엉 울었다. 울다가 죽을 것만 같아서 이혼 선언을 철회하겠노라 말하며 달랬지만, 그는 다음날 이혼에 동의했다. 오히려 기다렸다는 듯 이번 주 내로 법원에 서류를 내러 가자고 했다. 그는 나의 매사 어린애 같은 면에 지쳐있었고, 나는 그의 뜨뜻미지근함에 질려 있었다. 그도 나도 자유를 찾고 싶었다. 그는 혼자 도맡아 하던 집안일과 나를 돌보는(?) 일에서 놓여나고 싶었을 것이고, 나는 아이도 없고 재미도 없는 결혼 생활을 지속하고 싶은 마음이 없었다. 영원을 맹세했던 우리는 아무 일이 없었지만, 이혼을 결심했다.

그는 결혼 전엔 자유로운 영혼이었다. 훌쩍 어딘가로 떠나는 것을 좋아하고, 예술을 사랑하는 사람이었다. 하지만 결혼하고 그는 모든 것을 포기하고 나만 바라보며 살았다. 딸 키우듯 나를 챙겼다.
우리는 난임부부였다. 나는 아이를 가지기 위해 무슨 일이든 하고 싶었고, 그는 아이를 크게 원하지 않았다. 아이 같은 아내 하나 돌보는 것도 힘들다는 이유였다. 결혼에서 비롯되는 의무들이 그를 옥죄고 있었다.

주민센터에 가 가족관계증명서를 비롯해 필요 서류를 떼어 법원에 제출했다. 법원으로 가는 길은 우리가 수도 없이 지나다녔던 길목에 있었다. 공공기관 근처에는 맛집이 많다며 밥을 먹으러 갔던 동네. 법원에 도착한 지 일 분 만에 접수가 끝났고, 정확히 32일 후 이곳으로 다시 출석하라는 통보를 받았다.
우리는 우리가 맛집이라고 찾아냈던 국밥집으로 가 해장국을 먹었다. 뜨끈한 밥을 먹으며 식당 텔레비전으로 뉴스를 봤고, 코로나 환자가 급격하게 늘고 있다는 뉴스에 함께 나라를 걱정했다. 집으로 와선 일상을 함께 했다. 저녁을 먹고 매일 하던 강변 산책을 했고, 재미있는 OTT 시리즈물을 함께 보며 수다를 나눴다.

이혼 신청을 하면 우리같이 자녀가 없는 부부에게 한 달의 숙려기간을 갖게 한다. 정부가 강제로 부부로 함께 지내라고 정해준 한 달. 한 달 정도면 이혼하고자 했던 부부의 마음이 바뀌기도, 더 확고해지기도 하는 기간이라고 생각했나 보다. 법원에 다녀와 숙려기간이 주어진 후 며칠은 아무 일 없이 지냈지만 우리는 아무도 모르게 서로 멀어지고 있었다. 여느 때처럼 마주 앉아 커피를 마셔도 대화가 뚝뚝 끊기는 빈도가 점점 늘어갔고, 둘 다 함께 집에 있는 때에는 갑갑함과 어색함이 감돌았다.

한 달이 조금 넘는 시간 동안 많은 일이 있었고, 많은 생각을 했다. 결혼할 때는 짧게는 몇 달, 길게는 몇 년이 걸리고, 또 큰돈을 쓰고, 천 가지 가까이 되는 결정을 하며, 온갖 고민을 한다. 집안의 반대가 있을 수도 있고, 집안 간의 보이지 않는 줄다리기가 있을 수도 있다. 이렇게 어렵게 결혼해도 남들은 결혼이 이혼보다는 더 쉽다는데 우리의 경우는 예외였다.

'이혼'이라는 단어를 결혼 칠 년 만에 입으로 처음 꺼내고 한 달 만에 완전히 남남이 되었다. 그는 나를 한 번도 잡지 않았고, 한 번도 설득하려 하지 않았다. 그래서 그런지 내가 이혼했다는 사실이 실감이 나지 않았다. 그가 숙려기간에 짐을 싸 나가기 전까지는.

서류 접수하는 날에 '이혼 기일에는 부부가 함께 출석해야 한다'라는 안내를 받았다. 그래서 32일 후 우리는 법원에서 다시 만났다. 법원으로 들어가는 우리의 발걸음은 망설임이 없었다. 각자의 선택이 최선이라고 생각했기 때문이다.

선고를 기다리는 동안 우리는 대기실에 가만히 앉아 있었다. 우리와 같은 날 이혼하려는 부부가 족히 열 쌍은 넘어 보였다. 원수같이 서로 멀찍이 떨어져 앉아 대기하는 부부도 있는가 하면 우리처럼 옆자리에 앉아 도란도란 이야기를 나누는 부부도 보였다. 각각의 사연들을 품고 이곳으로 온 부부들. 아마 우리가 가장 사소한 일로 이혼하려고 온 부부였을지도 모른다고 생각하며 대기 시간을 보냈다.

이내 우리 차례가 되어 판사가 앉아 있는 방으로 들어갔다. 판사는 주민등록증과 우리의 얼굴을 대조한 후 건조한 목소리로 이혼에 동의하느냐고 물어왔다. 우리는 그렇다고 대답했고, 오 분도 안 돼 이혼의 방에서 나왔다. 그 방에서 나온다고 바로 이혼하는 건 아니었다. 이혼신고서를 시청에 제출해야 하는데, 그것은 꼭 둘이 함께 가지 않아도 된다고 해서, 함께 차를 타고 가 나는 차에 있고 그만 시청으로 들어가 신고하고 나왔다. 이제 진짜 끝이었다. 그리고 끝까지 그는 나를 잡지 않았다.

      그가 왜 나를 잡지 않았는지 나는 오랫동안 생각했다. 그에 대해 모든 걸 알고 있다고 생각했는데, 몰랐던 것들이 많았다. 연애할 때의 그와 결혼한 후의 그가 다른 사람처럼 느껴졌고, 이혼을 결정한 지금의 그는 나와 살던 때와는 또 다른 사람이었다. 평생을 함께 살아도 서로에 대해 다 모르는 게 인간이라고 하는 누군가의 말을 뼈저리게 깨달았다.

나도 내 자신을 다 모르는데 어떻게 다른 사람을 다 안다고 자신할 수 있을까. 차라리 그가 결혼 생활 중 나에게 한 번이라도 화를 냈더라면 오히려 헤어지지 않았을 수도 있겠다는 생각, 그래서 마음속 응어리 때문에 나와 헤어지겠다는 결심을 쉽게 할 수 있었던 건가 하는 생각, 심지어 내가 겨드랑이털을 한동안 깎지 않아서 내게 정이 떨어진 건가 하는 말도 안 되는 생각까지. 이런저런 상념들이 꼬리에 꼬리를 물고 달려 올라왔다. 어쨌든 헤어짐은 필연이었다. 언젠가는 있을 일. 그렇게 위로했다.

이혼하고 얼마 되지 않은 어느 날 그에게 전화해 마지막으로 화를 냈다. 그렇게 하지 않으면 책상 위에 남은 거무튀튀한 지우개 가루 같은 지저분한 미련이 남아있을 것 같아서였다. 왜 한 번도 잡지 않았냐고, 왜 한 번도 아이를 낳아 키우고, 조금 더 일을 늘리라는 내 조건을 받아들일 생각을 하지 않았느냐고, 왜 다시 한번 잘해 보고 싶다고 말해보지 않았냐고 울며 화내며 물었지만, 그는 네가 나를 영원히 떠나지 않을 거란 믿음이 없어져 버렸다고, 이제는 나도 자유로워지고 싶다고, 우리는 정말 끝난 사이라고 했다. 그 통화를 끝으로 나도 마음을 정리할 수 있었다. 두통도 불안도 없어졌다. 그렇게 우리는 완전히 이혼했다.

     다사다난했던 결혼 생활은 이렇게 허무하게 끝나버렸다. 그래도 칠 년간의 결혼 생활로 그에게서 얻은 게 있다면, 항상 평온했던 그의 사랑과 안정감이었다. 그와 나는 제일 친한 친구였다. 모든 일을 공유하고 서로를 가장 잘 이해하는 사이. 친구가 없는 나에게 둘도 없는 친구가 되어준 사람. 서로의 조언자 역할을 해주는 그런 사이. 이혼 결정 기일에도 함께 돈가스를 먹으며, 결혼 생활 중 재미있었던 일을 이야기하며 평소대로 웃을 수 있는 사람.
그렇지만 이제는 그 누구보다도 멀리 있다. 다시는 친구로든, 연인으로든 이어질 수 없는 관계. 이혼은 이런 거구나, 쌉싸름하게 느껴지는 외로움의 맛. 마음과는 다르게 햇볕이 쨍쨍한 날이었다.

사람들은 종종 말하곤 합니다. 혼자일 때보다 둘이라서 더 외롭고 힘들다고. 좋아해서 연인이 되었고, 사랑해서 부부가 되었는데 참 아이러니합니다. 그런데 말이죠, 연인이나 배우자 같은 사랑했던 사람과의 헤어짐은 슬프기도 하지만 후련하기도 합니다. 차라리 헤어질 수 있어서 후련한, 섭섭하지만, 시원한 마음을 느껴본 적이 있나요?

짐을 나눈다는 것

 이혼에 합의하고 열흘 만에 그는 우리가 손수 꾸민 집을 나갔다. 이혼 숙려기간이 끝나기도 전에 나간 것이다. 그가 걸어둔 그림도, 자주 쓰던 테이프클리너도 그대로였다.
그 사람이 집을 나가고 며칠 동안 적적하고 허무했다. 넓은 침대에 혼자 누워 울었다. 억울했다. 분명히 내가 먼저 이혼하자고 했는데, 차인 것 같은 이 느낌은 뭘까. 매몰차게 캐리어를 들고 나가던 그의 얼굴이 계속 떠올랐다.
다음 날엔 집 근처 조용한 카페에서 책을 보며 마음을 달랬다. 책에 집중이 안 되었다. 내가 읽고 있는 게 시집인지 소설인지도 모를 정도였다. 그가 왜 그렇게 빨리 집을 나간 건지 도무지 이해가 안 됐다. 그에게 여자가 있었던 것도 아니고, 같이 살고 싶을 정도로 친한 친구가 있었던 것도 아닌데 조금 천천히 나갔어도 될걸, 왜 그렇게 서둘렀을까 생각하며 어제 쌓아놓은 억울함에다 미움을 덧붙였다.

난 그가 없는 집에 하루가 다르게 적응해 나갔다. 그는 스물네 시간 근무를 자주 했기에 혼자 보내는 밤은 그리 낯설지 않았다. 그나마 다행이었다. 집을 나가고 일주일 후 그는 다시 집에 들러 미처 가져가지 못한 짐을 가져가겠다고 했다. 겨우 적응했는데, 그의 얼굴을 보고 나서 다시 힘들어질까 봐 걱정되었다.
우리가 이혼했다는 사실을 인정했고, 어느 정도 적응했다고 생각했는데 그가 다시 집으로 돌아온다고 하니 마음이 정리 안 된 신발장처럼 흐트러져버렸다. 내가 없는 사이 짐들을 가져가라고 말하려다가, 실컷 싸우다 원수처럼 헤어진 것도 아닌데 그렇게까지 할 필요가 있겠나 싶어 그러라고 대답했다. 하지만 불편하고 피하고 싶은 마음은 어쩔 수가 없었.

그가 들어와서 가장 먼저 한 일은 고양이들을 쓰다듬

는 일이었다. 우리가 함께 키우고 함께 침대에서 뒹굴던 다섯 마리 고양이. 이 아이들을 며칠 동안 보지 못해서 많이 보고 싶었던가 보다. 만약 집을 나간 후 그가 매우 힘들었다면 그것은 내가 아니라 고양이들 때문이었을 것이다.

고양이들이 오랜만에 보는 남 집사(고양이 세계에서는 함께 사는 남자 집사를 줄여 '남 집사'라고 표현한다)의 다리에 몸을 비비며 고르릉 고르릉 행복한 소리를 내었다. 그는 고양이들을 하나하나 쓰다듬으며 인사한 후, 내게 잘 있었냐고 물었다. 내 착각인지는 몰라도 애써 내 눈을 피하려는 것 같았다. 그는 나와 같은 생각을 하고 있었을 것이다. 불편하긴 한데 언젠가 한 번은 만나야 하는 사이, 아니 아직은 여러 번 더 만나 정리할 것이 있는 아주 껄끄러운 사이.

그는 이혼 숙려기간 중 우리가 해외여행을 갈 때 가지고 다니던 캐리어에 짐을 대충 싸서 집을 나갔다. 꼼꼼해서 뭐든지 하나하나 다 챙기는 그가 대충 싸서 나갔으니 꽤 불편했을 게다. 일주일 만에 집으로 온 것은 그래서였다. 이번엔 자신이 당장 쓸 가습기와 얇은 외투, 읽던 책과 그가 애지중지 아끼는 음악 장비들을 가져갔다. 나머지는 이혼 숙려기간이 끝나는 날 어차피 법원에서 만날 테니 그날 용달차를 불러 가져가겠노라고 말했다.
숙려기간이 끝나고 법원에서 그를 만났을 때 그는 어디론가 전화하고 있었다. 이삿짐을 날라줄 인부와의 전화였다. 날이 추워지기 시작해 한동안 입지 않을 봄, 여름옷과 자주 쓰지 않는 자잘한 물건들, 그리고 혼자 고심해서 산 소형 가전 몇 가지를 가져가기 위해서였다.

평소에 그는 어떤 일정이나 목표가 정해지면 바로 실행하는 사람이었다. 이혼과 짐 빼기도 마찬가지였다. 항상 재빠른 그가 믿음직스럽고 시원시원하다고 생각했지만, 그날은 아니었다. 이혼 절차를 모두 마치고 우리는 시원섭섭한(진부한 표현이지만 딱 맞는 표현이기도 했다!) 마음으로 법원을 나섰다. 용달차는 두 시간 후에 도착한다고 했다.
두 시간 동안 우리는 점심을 함께 먹고, 집으로 가 커피를 마셨다. 우리가 커피를 마실 때마다 사용했던 커피잔이었다. 그가 매번 사용하던 커피잔 하나를 가져가겠냐고 묻자, 그는 잠시 생각하더니 머리를 가로저었다. 함께 마시던 머그잔도 가져가겠냐고 물었지만, 그것도 거절했다. 우리는 커피를 마시며 그동안 고마웠지만, 서로에게 힘들었던 점을 이야기했고, 다시 우리의 차이를 극명하게 느꼈다.

용달차가 도착하고 짐을 옮기기 시작했다. 나도 가만히 앉아 있을 수 없어 4층 계단을 오르락내리락하며 우리의 이혼과 함께 다시는 보지 못하게 될 그의 짐들을 날랐다. 이 계단을 오르며 했던 이야기들, 서로의 밝은 표정이 생각났다. 이런 식으로 계단을 오르게 될 줄 작년 오늘엔 몰랐을 것이다. 생각보다 짐이 많았다. 일 톤 트럭 삼 분의 이가 찼다. 용달차를 왜 불렀냐고 승용차로 옮길 수 있지 않냐고 물었던 내가 틀렸다. 우리 집에서 그의 입지를 간과한 것이었다. 그는 우리 집에서 많은 부분을 차지하고 있었다. 하긴 이 집에 그와 나 둘만 살았으니 그럴 만도 했다.

그와 결혼해 각자 집에서 가져온 짐을 합쳤던 날이 생각났다. 남이었던 사이가 평생 함께하자고 약속한 사이로 변하던 그날. 각자 가져왔던 짐 속에 사랑하는 마음도 함께 넣어 왔던 우리. 짐을 합하는 날에 가져왔던 그 마음을 이제는 늘어난 짐과 함께 용달차에 실어 가져가는 그의 뒷모습이 쓸쓸해

보인 건 내 착각이었을까.

그는 내게 밥 잘 먹고 아프지 말라고 했다. 마음의 병 그거 별거 아니니까 이겨낼 수 있을 거라고, 혹시나 어려운 일 있으면 도와줄 테니 전화하라는 말을 남기고 용달차를 타고 떠났다. 집으로 들어가 텅 비어 있는 공간들을 확인하며 나는 우리가 살던 집에서 그가 떠났다는 사실을 인정할 수밖에 없었다.

   집으로 올라와 집안을 둘러보니 휑 하다못해 찬 바람이 부는 것 같았다. 함께 있던 신발, 함께 있던 수저, 함께 걸려 있던 그의 옷과 내 옷. 우리가 헤어지며 함께 있던 물건들도 짝을 잃고 헤어졌다. 짐을 나눈다는 것은 곧 실전 이별이라는 걸, 우리 둘만 헤어지면 끝이 아니라는 것을 암시했다.

누군가와 함께 생활하다가 짐을 나눈다는 것은 모두 내 것이었던 것이 아니게 되고, 그의 것이었던 게 아닌 게 되는, 서로의 분리를 실제로 느끼는 계기가 됩니다. 룸메이트와의 관계, 함께 살던 가족과의 관계에서 서로 분리되며 짐을 나누어 본 경험이 있는 사람이라면 이것이 얼마나 아픈 일인지 알 것입니다. 그때를 생각하며 지금 내가 가지고 있는 것에 감사함을 느껴보세요.

대화가 필요해

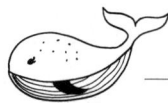

    나는 결혼 생활 내내 난임 환자였다. 의사는 다낭성난소증후군 때문이라고 했다. 아이를 갖기 위해 노력했다. 다낭성난소증후군에는 체중감량이 기본이라고 해서 몸무게 10㎏을 감량했다. 그래도 아이는 생기지 않았다. 내가 사는 지역에서 가장 유명한 난임병원에서 약을 먹고 진료를 받았지만, 의사는 호르몬 불균형이 너무 심해서 약을 먹는 정도로는 효과가 없고, 매일 배에 여러 개의 주사를 맞고 난자를 키워 아이 갖는 방법을 시도해 보자고 했다.
남편은 아니, 전남편이 된 그는 그때부터 아이 갖는 것에 대해 다른 방향으로 생각해 보자고 했다. 그냥 둘이 행복하게 살면

되지 않겠냐는 의견을 조심스레 내보인 것이다. 나도 아이를 갖기 위한 결혼은 반대하는 사람이지만, 그리고 아이를 좋아하는 사람도 아니지만 그와 나를 반반씩 닮은 아이를 갖고 싶어서 조금만 더 노력해 보자고 설득했다.

친구 하나 없이 외톨이인 나에게 든든한 또 하나의 가족이 되어줄 아이. 아이를 낳아 키우는 행위는 나 자신을 버리고 누군가를 위해 살아가는 가장 귀중한 시간일 것이다. 나는 나 아닌 누군가를 위해 살아본 적이 없었지만, 아이를 위해서라면 그렇게, 아니 그 이상도 할 수 있을 것 같았다. 우리 부부를 적절하게 섞어서 나온 아이는 어떻게 생겼을까, 어떤 성격을 가졌을까. 누구에게도 말하지 못하고 혼자 상상하는 나날들이 계속되었다.
그를 설득한 끝에 임신이 잘 되게 도와주는 한의원이 경주에 있다고 해서 찾아갔다. 소문을 듣고 전국 방방곡곡에서 몰려든다는 한의원. 블로그 검색으로, 진료를 받으려면 새벽부터 줄을 서야 한다는 사실을 알게 됐다. 때는 봄이었지만 새벽에는 제법 쌀쌀해서 전남편과 교대해 가며 줄을 섰었다. 그렇게 한약을 지어와 한 달을 꼬박꼬박 챙겨 먹었지만, 이번에도 기쁜 소식은 없었다.

전남편은 이제는 자신도 마음이 조금 지친 것 같다고, 임신은 포기하고 둘만 행복하게 살자고 강하게 말했다. 임신하겠다고 고집을 피워도 더 이상 협조하지 않겠다 으름장을 놓았다. 당신도 꿈이 있고 나도 꿈이 있으니 어릴 적 이루지 못했던 꿈을 이루며 사는 것도 괜찮은 삶이 아니겠냐고.
마음이 허전했지만, 그 말에 나도 동의하기로 했다. 지금 키우고 있는 예쁜 고양이들을 자식 삼아 애지중지하며 살아가겠다고 그에게 말했다. 하지만 마음속 깊은 곳에서는 좀처럼 포기가 되지 않았다. 아이를 갖고 싶은 마음이 그 이후에도 계속 있었지만, 그에게 차마 말할 수는 없었다. 그는 이제 완고한 자세였다.

시간이 더 지나고 나중에는 그에게 분노하기 시작했다. 아이를 갖지 않겠다고 말해서이기보다는 내가 이렇게 원하는데 꼼짝하지 않는 모습에 서운함을 느낀 것이다. 하긴 나는 우울증 환자니까(조울증이었지만 우울증이라고 착각하고 있던 때) 어쩌면 아이를 갖지 않는 게 나을지도 모른다는 생각으로 자기 위로를 했다. 하지만 그것과는 다른 문제로, 내 말을 들어주지 않는 전남편에게 화가 나는 건 어쩔 수 없었다.

　　　내가 웬만하면 아이를 가질 수 없는 몸이라는 것을 인정했지만, 임신을 위해서 최선을 다해보겠다는 내 의견에 반대하는 전남편과 마음으로 점점 멀어졌다. 그는 힘들게 준비해야 할 내가 걱정되어 그렇다고 이야기했지만, 내 마음은 그렇지가 않았다. 난 입을 닫기로 결심했다. 의견 불일치로 싸우거나 티격태격하고 싶지가 않았다.
크게 관심 없던 임신이 나에게는 가장 큰 소원이 됐고, 그런 내 마음을 상대에게 솔직하게 표현하지 못해 우린 더 멀어졌다. 만약 그때 내가 얼마나 아이를 갖고 싶어 하는지, 아이를 키우는 것에 대해 얼마나 내가 진지하게 생각하고 있는지를 허심탄회하게 털어놨더라면 상황은 조금 달라졌을까?

　　　우리는 매사에 싸우고 싶지 않아서 깊은 대화를 피했다. 의견이 조금이라도 맞지 않으면 한쪽이 입을 닫아버리곤 했다. 우린 대화가 끊이지 않는 사이였지만, 지나치게 좋은 이야기만 하고, 좋은 감정들만 서로에게 공유하고자 했다. 고민을 공유하긴 했지만, 제삼자와의 관계에 대한 고민만을 공유했고, 서로에게 가지고 있는 불평불만이나 고민은 철저히 숨겼다. 뉴스를 봐도 우리는 아무 말이 없었다. 싸움거리가 될 만한 정치에 대해서는 일절 이야기하지 않았다.

신혼 때는 누구나 한다는 사소한 입씨름도, 결혼 생활의 주도권을 잡아보겠다고 티격태격하며 줄다리기하던 시절도 우리에겐 없었다. 그래서 긴 결혼 생활 동안 우리는 한 번도 싸우지 않았다. 이혼에 서로 동의한 후 한 대화에서 우리 둘 다 상대방에게 지나치게 맞춰주고 있다는 사실을 깨달았다. 갈등을 피하고 싸움 거리를 만들지 않는 게 우리 사이를 지키는 방법이라고 생각했지만, 싸우기 싫다는 그 이유 하나로 대화의 폭은 좁아지기 시작했다.

상대와 멀어지는 가장 좋은 방법은 각자가 비밀을 갖는 것이다. 나는 아이를 갖고 싶은 마음을 솔직하게 그와 공유하지 못했고, 이것은 이혼 이유 중 한 가지가 되었다. 사랑하는 사이를 지키기 위해서는 자기 마음의 소리에 조금 더 귀를 기울이고, 그 소리를 사랑하는 사람에게 왜곡 없이 전달하는 것이 중요하다.

보통의 가족을 상상한다. 서로 웃고, 서로 울고, 의견이 맞지 않을 땐 마음 편히 싸우기도 하는 그런 보통의 가족. 우리는 끝내 가족관계를 유지하지 못했다.

누군가와 대화가 필요했지만, 여러 가지 이유로 대화하지 못하고 오해로 끝나버리거나, 서로의 틈새를 좁히지 못한 경험이 있는 사람들은 대화가 얼마나 중요한지 압니다. 무슨 일이 있을 때는 항상 대화로 풀어보도록 노력해 보세요. 그러면 서로가 얼마나 서로를 생각하고 아끼고 있는지 알 수 있을 거예요.

빈털터리들의 재산분할

　내게 결혼은 사치였다. 나는 서른 살이 될 때까지 학원 사업을 하느라 땡전 한 푼 없는 상태였다. 그는 나보다 조금 나은 상황이었다. 모아놓은 돈은 없었지만, 부모님으로부터 물려받은 아파트가 있었다. 나는 아무것도 없으니, 원룸에서 결혼 생활을 시작해도 괜찮다는 양심적인 내 말에 감동하여 그는 나와 결혼을 결심했다고 했다. 그렇게 우리는 돈도 없이 결혼했다. 그나마 살 집이라도 있어서 감사했다.

　우리가 이혼을 결정하고 가장 먼저 한 일은 합의서를 작성하는 일이었다. 내용의 골자는 헤어지고 난 뒤 서로에게 위자료를 청구하지 않는다는 내용이었다. 다음에 사정이 바뀐다 해도 마찬가지라는 조항도 덧붙였다. 그에게 아파트가 있었지만 결혼 전에 취득한 재산이라 어차피 분할 대상에 들어가지도 않았다.

우리는 각자 돈이 없는 상태였고, 위자료를 줄 돈도 받을 생각도 없었다. 하지만 장래는 어떻게 될지 모르니 합의서를 작성하는 것이 깔끔하다는 판단으로 합의서를 작성했다. 혹시 아나, 그가 가수로 성공하거나 내가 작가로 떼돈을 벌지. 결혼생활 중 조금 모아놓은 돈과 차, 세간살이 같은 자잘한 것들은 적당히 의논해서 나눠 가지기로 했다. 정말 분할 할 재산이 이렇게 없을까 싶을 정도로 우리는 빈털터리였다.

우리에게 유일함과 동시에 가장 중요한 재산분할 대상은 고양이였다. 우리는 사실 크게 나눌 것이 없었지만 고양이는 다섯 마리나 되었다. 이혼을 결심하며 다섯 마리 고양이를 어떻게 할 것인가에 대해 가장 깊고 오래 고민했다.

우리나라의 경우, 동물의 법적 지위는 생명으로 취급한다기보다는 소유물이기 때문에 재산분할 대상에 들어간다. 법적으로 따지자면 그 동물을 누가 주로 돌보았는지, 그 동물에게 더 많은 돈을 쓴 사람이 누구인지에 따라 데리고 가는 사람이 달라진다고 하는데, 우리는 그렇게까지 냉정하게 따지지는 않기로 했다. 다섯 마리 고양이도 자기들끼리 더 친한 아이가 있고 덜 친한 아이가 있을테니 그걸 기준으로 세 마리와 두 마리로 나누었다.

  우리의 경우에는 주 양육자라는 개념이 없어서 적당히 내가 셋을 데려가고 그가 둘을 데려가기로 했다. 만약 그가 조금이라도 고양이들을 사랑하는 마음이 부족했거나 나보다 덜 했다면 내가 모두 데려왔을 것이다. 다행히 그는 나와 동등하게 고양이들을 사랑했고, 함께 고양이들을 돌보았다.
그리고 현실적인 고민이 따랐다. 나 혼자 다섯 마리 고양이를 모두 돌볼 자신이 없었다. 나는 일을 해야 했고, 고양이들을 돌볼 시간이 부족했다. 내가 모두를 데려간다면 고양이들도 각자의 삶의 질이 떨어질 것 같았다. 게다가 혼자 살게 된다면 좁은 집으로 이사를 가야 할지도 모르니 다섯 마리는 너무 많았다.
그렇게 우리는 셋과 둘을 각각 양육하기로 했다. 졸지에 고양이들도 이산가족이 되었다. 다섯 마리가 함께 뛰어놀던 순간이 생각났다. 둘을 떠나보내는 날은 이혼한 날보다 더 슬펐다. 마음이 무너지는 것 같았다. 우리에겐 자식 같은 고양이들인데 반려동물 면접교섭권은 왜 없는지 화가 났다. 처음이자 마지막으로 이혼을 후회한 순간이었다. 하지만 그 또한 결국 이겨내야 한다는 걸 알고 있었다.

 이혼은 둘의 몸만 떨어지는 것이 아니었다. 재산이 있다면 그것을 현실적으로 어떻게 나눌 것인가를 함께 고민해야 하고, 자녀가 있다면 누가 양육자가 될지, 양육비는 얼마를 지급할지 등의 첨예하게 대립하는 요소로 싸워야 한다. 우리처럼 반려동물이 있다면 누가 반려동물을 데려갈지 정해야 하고, 동물을 떠나보내는 사람은 이제 다시는 볼 수 없는 내 반려동물을 그리워해야 하는 상황에 놓이게 된다.
이혼의 또 다른 얼굴은 현실적인 부분을 타협하고 싸워내는 과정인 것이다. 우리처럼 그 과정이 신속하게 끝나는 사람들도 있지만, 지리멸렬한 싸움에 기꺼이 내던져지는 사람도 있다. 이렇게 모든 이혼은 아프고 어렵다.

> 우리 인생은 한 치 앞도 내다볼 수 없는 일들의 연속입니다. 만약 아프고 힘든 싸움에도 불구하고 정녕 이별해야 한다면 이별하는 모든 사람이 상처받지 않기를. 그렇지 않다면 최소한의 상처만 받기를, 그리고 받은 상처로 너무 길게 아파하지 않기를 바랍니다. 살면 살아지는 게 또 삶이니까요.

남몰래 눈물을 훔치고

　　이혼 신청서를 내고, 없는 재산이지만 재산분할을 하고, 그다음 해야 할 일은 양가 부모님께 우리가 이혼하기로 했다는 사실을 알리는 것이었다. 이혼 신청서를 내고 일주일 후 우리는 부모님께 같은 날짜에 이야기하기로 했다.
부모님 댁에 가려면 버스와 지하철을 타고 가야 한다. 도착하기까지 나는 부모님께 어떤 표정으로 어떤 말을 해야 할지 시뮬레이션을 셀 수 없이 했지만, 답은 나오지 않았다. 지난달까지 그와 나는 친정에 들러 함께 밥을 먹었었다. 그런데 갑자기 이혼하겠다고 하면 부모님이 과연 믿을지도 의문이었다.
부모님은 남편 없이 혼자 온 적 없는 딸이 갑자기 혼자 오겠다고 하니 걱정이 되어 나를 데리러 나왔다. 아빠가 운전하는 차 안에서도 어떻게 먼저 말을 해야 할까 불편한 시간이 지나가고 있었다.
"아빠, 엄마. 나 그 사람이랑 이혼하기로 했어. 죄송해요."

갑작스러운 이혼 소리에 부모님은 많이 놀라셨다. 어쩐지 남편 없이 혼자 오겠다고 말하는 내 목소리를 듣고 부모님은 큰일이 났구나 하고 예상했다고 했다. 그게 이혼이라는 것까진 예상하지 못한 듯, 도대체 무슨 말을 하는 거냐는 부모님의 말씀. 나는 이것저것 핑계를 댔다. 있는 일, 없는 일 다 꺼내 부모님을 이해시켰다. 동생은 내가 평소에 해 오던 고민을 알고 있었기에 언니를 이해하고 받아들이겠다고 말했다. 부모님은 놀란 얼굴을 애써 감추며, 이혼하겠다고 결정한 나를 안쓰럽게 보며 말했다.
"이런 결정을 할 때까지 혼자 얼마나 힘들었니. 죄송하긴 뭐가 죄송해. 이혼할 일이 있으면 해야지."
부모님이 한 뜻밖의 말에 눈물이 날 것 같았지만, 내가 울면 가족이 모두 울까 봐 꾹 참았다. 아마 부모님도 나와 같은 마음이었을 것이다.

시댁에서는 아무 연락이 오지 않았다. 이상했다. 욕 한 바가지 얻어먹을 마음의 준비를 단단히 하고 있었는데 지나치게 조용한 내 전화기가 낯설게 느껴졌다. 내 생각에 시어머니는 그러고도 남을 분이셨다.
결혼 생활 동안 많이도 혼났다. 시댁에 들어오자마자 주방에 안 들어오고 거실에 앉았다고 혼나고, 양가 부모님과 식사할 때는 시어머니보다 친정어머니를 먼저 챙겼다고 혼이 났다. 그런 시어머니의 성격이라면 분명 내 전화기에 불이 나야 했다. 하지만 너무 잠잠했다. 이혼을 결심한 내 마음도 힘들 것이라 여기시고 마음의 짐이 되지 않기 위해 내게 연락하지 않으셨다고 믿고 싶었다.

그 이후 부모님께 전화가 자주 왔다. 엄마 아빠 번갈아 가며 거의 매일 오는 전화가 나를 걱정해서라는 걸 알았지만 귀찮은 날도 있었다. 특히 아빠는 내가 이혼했으니 다시 당신의 품에서 보살핌을 받아야 한다고 생각했는지, 전화할 때마다 내 일상을 꼬치꼬치 묻고 내 걱정을 지나치게 하기 시작했다. 아빠 딸, 생각보다 강하다고 말하고 싶었지만, 아버지가 이렇게 하는 게 마음이 편하다면 받아들이고 싶었다. 더 걱정

되는 건 엄마였다. 아빠가 전화로 하는 여러 가지 잔소리에 엄마의 소식도 있었는데, 엄마는 자다가도 울고, 밥 먹다가도 울고, 김치 담그다가도 운다고 했다.

양가 부모님께 이혼하겠다고 이야기하고 난 뒤 이혼 숙려기간 동안 잠시 전남편과 살고 있을 때, 나는 우연히 그에게 보낸 엄마의 문자를 봤다. 이제 우리는 다시 볼 수 없지만 미워하지 않는다고, 누구보다 행복하게 살길 바란다는 메시지. 참고 있던 눈물이 터져 나왔다.

그 이후에도 오랫동안 부모님은 내게 말은 하지 않았지만, 전남편을 보고 싶어 했다. 내가 이혼이라는 단어를 먼저 꺼냈지만, 한 번도 나를 잡지 않았던 그의 태도를 듣고도 믿지 못하셨다. 혹시라도 이혼하려는 나를 잡아달라고 집으로 찾아오길 오랫동안 창밖을 보며 기다리셨다.

　　　　이혼은 나만의 헤어짐이 아니었다. 대가족의 해체였다. 내가 이혼을 결심할 때, 부모님은 사위를 잃고 내 동생은 형부를 잃게 된다는 것을 생각하지 못했다. 그리고 나는 부모님에게 다시는 보지 못할 그리운 사람을 한 명 추가시켰다. 그 마음을 모른 척할 수밖에 없는 나도 한동안 힘들었다.

이혼의 모든 과정마다 모든 것이 술술 흘러가는 것 같았지만 사실은 어렵게 고개를 넘고 있었다. 무엇도 쉽게 넘어가는 법이 없었다. 하지만 이혼은 내가 조금 더 행복하기 위해 한 결정이었고, 부모님은 끝까지 나를 믿어주었다. 부모님이 보내준 응원의 말로 난 이제 조금 더 홀가분한 혼자가 되었다.

나의 이별로 인해 당사자가 아닌 다른 사람의 마음을 아프게 해본 적 있나요? 당사자 간의 헤어짐은 그들 딴에는 당연하게 받아들이는 것이지만, 제삼자는 당사자들의 이별로, 예고도 없이 누군가와 헤어짐을 당하게 되는 일입니다. 한 사람과의 이별이 여러 사람에게 상처를주는 상황이 슬프게 다가옵니다.

사랑, 시작해도 될까요?

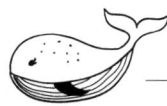

 이혼을 하고 여러 가지 이유로 휴직한 후, 지인을 만나 식사를 하게 되었다. 내가 몇 년째 알고 지낸 지인 H는 나의 어두운 표정을 보고 무슨 일이 있느냐고 물어왔다.
그와 나는 지인 이상의 것을 공유하고 있었다. H가 몇 년 전부터 별거했고, 이후 얼마 안 가 이혼했다는 사실을 알고 있는 사람은 많지 않았다. 하지만 그는 이혼 직후부터 내게 그 중대한(?) 사실을 말해주었다. 상대방이 편안하게 이야기를 할 수 있도록 편견 없이 들어 주는 게 나의 가장 큰 장점이라고 했다.
이제는 그가 나의 이야기를 들어줄 차례였다. 나는 지난 몇 달간 있었던 일과 이혼 후의 내 소회를 이야기했고, 결국 참았던 눈물을 흘렸다. 그는 기분이 안 좋을 땐 단 게 최고라고 딸기 케이크와 아메리카노를 사주며 내 이야기를 마저 들어주었다. 청승맞은 이야기는 주로 내가 들어주는 쪽이었는데, 오늘은 내가 이별 후에 나온 찌꺼기를 그에게 털어내고 있었다.

몇 달 후, 장을 보고 끙끙거리며 오르막을 오르고 있을 때, 그는 마침, 퇴근 중이었다며 내 앞에 차를 세웠다. 생각해보니 지금은 그가 퇴근할 시각이었고, 이 길은 퇴근하는 경로였다. 나는 장바구니를 들고 그의 차에 탔고, 그는 저녁을 함께 먹자고 제안했다. 배도 고프고 이야기할 사람도 필요해 그를 따라나섰다.
내가 이혼을 얘기한 후 두 번째 식사에서는 내가 혼자 어떻게 살아가고 있는지에 대해 이야기했다. 다섯 마리 중에 재산분할로 남은 고양이 세 마리의 밥을 챙기고, 운동을 하고, 책을 보며 살고 있지만 왜인지 모를 허전함이 있다는 말로 내 근황을 이야기했다. 그는 여느 때와 같이 내 말을 잘 들어주었고, 나는 마음이 조금 편안해짐을 느꼈다.
내 말이 끝난 후 그는 흥미로운 이야기를 들려주었다. 결혼정보회사에 가입했다는 말이었다. 내가 알고 있는 그는 깔끔하고 꼼꼼해서 굳이 이성과 살지 않아도 혼자 잘 살아 나갈 사람이었다. 그런데 결혼정보회사라니. 결혼하고 싶은 거냐고 물으니, 거기까지는 생각하지 않았지만 여자 친구를 만나 이제는 재미있는 인생을 살아보고 싶다며 다음 주에 첫 맞선이 잡혀 있다고 했다.
결혼정보회사에 대해 전혀 모르고 있던 나는 재미있게 그 얘기를 들었다. 완전히 모르던 세계였다. 즐겁게 대화를 나누고 집으로 왔다. 그날따라 장바구니가 더 무겁게 느껴졌다. 전남편과 함께 장바구니를 들고 오르던 계단이었다.

이후 나는 이상하게도 자꾸 그를 생각하게 됐다. 그가 맞선을 보기로 한 날짜는 점점 다가왔고, 그 결과가 왠지 궁금했다. 그 궁금증이 그를 매일 생각하게 했고, 급기야는 꿈에까지 나오는 지경에 이르렀다. 그의 맞선 날이 지나고 일주일쯤 더 지난 후 내가 먼저 그에게 연락했다. 처음으로 내가 그에게 밥을 먹자고 먼저 말한 날이었다.
우린 막창집에서 만났고, 소주를 한 잔씩 걸치며 사는 이야기를 나눴다. 그의 맞선 결과를 가장 먼저 물어보고 싶었지만 조금 시간을 끌어야 할 것 같았다. 대화를 이어가다 갑자기 생각난 듯이 맞선 결과는 어떻게 되었냐고 넌지시 물었다. 그는 약간 씁쓸한 표정으로 마음에 드는 이성이 아니었는데, 그쪽도 자신을 그렇게 마음에 들어 하지 않은 것 같았다고 말했다.
순간 마음에 박하 향이 지나갔다. 청량하고 속이 뻥 뚫리는, 그렇지만 달콤한 박하 향. 지인이자 말동무의 맞선이 성사되지 않았다면 함께 슬퍼하고 위로 해야 할 일인데, 왜 나는 그렇게 기분이 좋았을까. 지인으로서 우리의 마지막 저녁 식사는 이렇게 끝이 났다. 그는 술을 한잔 걸치고 집에 들어간 나에게 SNS 메시지로 잘 들어갔냐고, 오늘도 즐거웠다고 했다. 나도 짧게 답장을 하고 잠에 빠져들었다.

     나는 그날부터 그의 연락을 기다리기 시작했다. 조울증 때문에 항상 무음으로 해 두던 휴대전화 벨 소리를 최대한으로 올리고, SNS 알림도 모두 ON으로 바꿔두었다. 하지만 먼저 연락하고 싶진 않았다. 고약한 자존심이었다.
막창을 먹고 이주일이 채 못되던 날 그는 내게 먼저 연락해 왔다. 원래 있었던 저녁 약속이 취소되어 함께 저녁 먹어줄 사람이 없어졌다며 내게 함께 먹어줄 수 있느냐는 용건이었다. 난 기다렸다는 듯 그를 만났다. 혼자 부리고 있던 자존심은 어디 갔는지 없고, 내 마음을 솔직하게 표현하고 싶은 마음이 쌓아 놓은 돌무더기가 와장창 내려앉아 물살이 시내를 넘어버리듯이 밀려왔다. 당신이 맞선 본 그날 나 혼자 매우 불안했다고, 왜 그랬는지 모르겠지만 잘되지 않기를 바랐다고 솔직하게 털어놓았다. 내가 먼저 호감을 표현했고, 그날 우리는 서로의 마음을 확인했다.

　　　　이후 나는 마냥 행복하지만은 않았다. 자괴감 때문이었다. 이혼한 지 일 년도 안 되었는데, 벌써 이렇게 누군가에게 마음이 설렌다는 것에 나 자신을 용서할 수 없었다. 누가 보고 있는 것도 아닌데 한없이 부끄럽고 수치스러웠다. 나의 헤프고 변덕스러운 마음을 사람들에게 들킬까 봐 불안했다. 이혼한 지 얼마 되지 않은 연예인이 재혼한다는 기사를 보며 고개를 갸웃하던 나였다.
나를 미덥지 않아 하고 심지어는 미워지게 하는 마음인 이 자괴감을 극복할 방법은 의외로 가까운 곳에 있었다. 바로 독서였는데, 책에 나오는 좋은 구절들을 읽으며 내가 느끼는 감정은 가치판단을 내릴 수 있는 게 아니라는 사실을 알았다.

우리는 사랑을 확인하고 얼마 가지 않아 결혼했고, 현재 그는 내 옆에 있다. 그 자괴감을 극복하지 못했다면 난 지금도 어두운 방 안에 혼자 앉아 있을지도 모른다. 나에게 중요한 것은 삶을, 그리고 이혼을 조금은 가볍게 바라보는 태도였다. 어리석어 보일지라도 감정에 솔직할 수 있는 용기를 갖는 것. 그것이 내 자괴감을 덜어내는 방법이었다.
지금이 행복하다면 너무 현명하게 살겠다고 아득바득 애쓰지 않아도 된다는 것을 받아들이기로 했다. 나는 다시 웃음을 되찾았다.

여러 가지 생각이나 제약으로 무언가를 하고 싶지만 나 자신이 정해놓은 허들에 걸려 마음이 허락하지 않을 때는 가끔 자신의 허들을 눕혀놓고 다음 단계로 진행해 보는 것도 나쁘지 않습니다. 그럼으로써 큰 행복을 느낄 수 있다면 그것만으로도 충분히 가치 있는 선택이기 때문입니다. 당신은 행복을 누릴 가치가 충분한 사람이랍니다

이별 네 걸음

조울증과 헤어지는 중

양극성 장애

　나는 양극성 장애 환자다. 양극성 장애는 '조울증'이라는 병명으로 더 유명하다. 조울증은 조증과 울증이 반복적으로 나타나는 병이다.
조울증 환자들은 유독 남들보다 밝고 쾌활하다. 정신적으로나 신체적으로 과도하게 생기가 넘친다. 아무것도 아닌 일에 넘어갈 듯 웃고, 아무것도 아닌 일에 기뻐서 날뛴다. 가령 여덟 명 정도의 모임에서 가장 크게 웃고 가장 활발하게 행동하는 사람은 조울증일 가능성이 높다.
그러다 우울의 시기가 오면 침대에 들어가 스물네 시간을 꼬박 나오지 않는다. 장롱 안에 박혀서 온종일 울기도 한다. 이유 모를 억울함과 자기 연민에 머리를 쥐어뜯는다. 계절마다, 날씨마다 아니면 주기적으로, 내 기분은 위 두 가지 상태를 교차해 가며 무한 반복한다.

　　　나는 조증이 나타날 때 많은 일을 처리한다. 이때가 기회다. 자고 싶다는 욕구를 크게 느끼지 않고, 실제로 잠을 평소보다 훨씬 적게 자도 피곤하지 않다. 항상 기분이 들떠있고, 새로운 사람을 만나 자기소개하는 것이 즐겁다. "오히려 좋아!"라는 말을 달고 산다. 조증 시기에 나는 친구들 사이에서 한마디로 '긍정의 아이콘'이다.

조증 시기에 나는 많은 것을 저지른다. 영어 공부를 하겠다고 일 년 치 영어 클래스를 결제하고, 바이올린을 배우기 위해 비싼 바이올린을 산다. 이 시기에는 독서도 지나치게 많이 한다. 새벽 네 시에 일어나서 시작한 독서는 그날 밤 열한 시가 넘어 끝이 난다. 이때 한 달에 오십 권 가량의 책을 읽는다.

특히 이 시기에는 지나치게 두뇌 회전도 빨라져서 글도 잘 써지고, 업무와 관련된 공부도 잘된다. 근무시간에도 매사 재빠르게 움직여 이 시기에 함께 일한 동료는 나를 일 잘하는 사람으로 기억한다. 운동도 열심히 해서 원하는 체중으로 감량도 가능하다. 나는 조증 시기의 나를 사랑했다. 밝고 맑고 일도 잘하고 하루를 알차게 사는 특별하고 빛나는 사람이니까. 한마디로 미친 체력과 두뇌를 보여주는 시기.

하지만 이런 조증 시기가 지나고 나면 지나치게 부풀어 올랐던 풍선에 바람이 빠져 절대 새 풍선으로 돌아갈 수 없는, 쭈글쭈글해지는 내 몸을 느낀다. 혹사한 내 몸을 다시 원상태로 돌리는 데까지는 두 배 이상의 시간이 걸렸다. 하루에 열네 시간을 자고, 다이어트를 위해 꾸준히 지켰던 식단이 무너지고 과식한다. 살은 10㎏씩 찐다.
불타오르다 꺼져버린 모닥불처럼 사그라들어버린 열정과 일상, 업무 효율에 짜증이 나고 자괴감이 든다. 사무실에 앉아 있으면 이유 모를 울화가 치밀어서 업무가 잘되지 않는다. 하루 동안에도 아주 작게 조증과 울증을 왔다 갔다 해서 어떤 때는 대강이라도 일을 처리할 수 있다가도 어떤 때는 아예 일을 할 수 없다. 일의 효율을 극대화할 때와는 대조적으로 계속 연차를 쓴다.

친구들과의 관계도 이 시기에 대부분 깨진다. 친구에

게 전화가 와도 받지 않는다. 극심한 전화 공포증 증세를 보인다. 전화벨 소리에도 화들짝 놀라서 무음으로 해 둔다. 극단적 집순이가 되어 아무도 만나지 않는다. 몇 달씩 두문불출하는 나를 받아주는 친구들은 다시 조증 시기가 오면 만날 수 있지만, 이때 연락이 대부분 끊긴다.

잘 나가던 영어학원이나 바이올린 교습도 가지 않는다. 출석도 잘하고 진도도 잘 따라오던 내가 갑자기 학원에서 모습을 감추면 선생님은 궁금해서 전화를 하지만 나는 받지 않는다. "제가 지금 울증을 지나고 있으니 조증 시기가 되면 다시 뵐게요."라고 말할 수도 없는 노릇이다. 이렇게 무언가를 배울 때에도 몇 달 열심히 하다가 모든 걸 포기하는 과정을 반복했다. 이 병을 몰랐을 때 나는 내가 왜 이렇게 끈기가 없는지 고민이 많았다.

하지만 내가 조울증이라는 것을 알게 되고 나서는 잃어버렸던 퍼즐이 맞춰지듯 내 특이한 성정을 이해하게 되었다. 내가 게으르고 끈기 없는 사람이었다기보다는 이것도 다 병이었다는 걸 말이다. 그렇다면 치료를 통해 이런 내 끈기 없음과 갑작스럽게 포기하고 숨어버리는 고얀 짓(?)을 고칠 수 있을지도 모른다는 조금의 희망을 품을 수 있게 되었다. 병을 진단받고 나서 기분 좋았던 유일한 이유였다.

여러 가지 책과 자료를 찾아보면 조울증은 불치병에 가깝다고 한다. 약으로 잠시 조절은 가능하지만 약을 먹지 않으면 금방 다시 돌아오는. 이별하고 싶다고 해서 쉬이 이별할 수 없는 것이 누구에게나 존재한다. 나에겐 그것이 조울증이다. 꺼뜨리려 해도 꺼뜨리기 어려운 발간 숯덩어리처럼 이별을 원해도 이별할 수 없는 삶의 뜨거운 불꽃. 잡고 있기 불편한 그것을 들고 살아야 하는 삶이란 고단하고도 답답하다.
하지만 작별하고 싶은 것과 쉽게 헤어질 수 있다면 작별하고 싶지 않은 것과도 쉽게 헤어질 수 있다는 사실을 생각하며 좋은 것과 나쁜 것을 가리지 않고 모든 것이 내가 가지고 가야 할 몫이라고 생각하기로 한다. 그런 마음이 나를 편안하게 하고 내 병을 자연스럽게 받아들일 수 있게 해준다.
오늘도 내 마음속은 소란함으로 가득하다. 그래도 오늘만큼은 어지러운 생각을 가라앉히고 마음속 깊은 곳의 속삭임을 들어보려 한다. '나는 잘할 수 있다, 나는 잘할 수 있다.' 되뇐다.

세상살이가 내 맘 같지 않을 때 우리는 그 이유를 찾아 헤맵니다. 이유를 찾기만 하면 다 잘될 거 같아서요. 하지만 떼어내고 싶지만 떼어낼 수 없는, 헤어지고 싶지만 마음대로 되지 않는 게 있습니다. 그럴 땐 정말 미치고 팔짝 뛸 정도로 화가 나기도 하고, 난 어쩔 수 없어 하고 자포자기하게 됩니다. 하지만 세상에 필요 없는 것은 없습니다. 그게 날 힘들게 하더라도 어느 날 살아갈 힘이 되기도 할 테니까요.

진단마저도 평범하지 않은

내가 정신과에 드나든 역사(?)는 그리 오래되지 않았다. 아주 어릴 적부터 약간의 우울감과 밤마다 찾아오는 이유 모를 불안이 있었지만, 나름대로 잘 다스리며 살아왔다고 생각했다. 하지만 공감 능력이 없는 후배 직원의 은근한 무시와 멸시는 나를 쇠약한 사람으로 만들었고, 나는 심각한 우울증세를 겪었다.

'선배도 아닌 후배에게 무시당하는 나 같은 사람은 얼마나 무능하고 멍청한 사람일까.'에 대한 자기 모멸감이 내 우울감의 주된 원인이었다. 차라리 직장 상사 때문에 힘들다고 하면 다른 사람에게 이해라도 받을 텐데, 후배와의 사이에서 스트레스를 받아 소화제를 달고 살고 밤에 잠을 이루지 못한다고 말하면 사람들은 나를 얼마나 한심한 사람으로 볼까 하는 생각이 나를 잠식하고 있었다.

처음에 간 병원은 동네의 정신건강의학과 의원이었다. 의사 한 명에 간호사 세 명이 업무를 보는 작은 병원이었는데, 의사는 칠십 대 여성이었고 자기 피부와 몸매 가꾸기에 집중하는 듯했다. 책상 위에는 피부에 수분을 공급해 주는 패치 한 상자가 있었고, 진료실 내부에는 실내 자전거가 한쪽을 차지하고 있었다. 그녀는 나의 우울함과 야간에 오는 형체 모를 불안감의 처방으로 "차에 접이식 자전거를 싣고 다니다가 증상이 나타난다 싶을 때 자전거 타기 운동을 하세요."라고 조언했다. 나는 직장인이었고, 갑자기 접이식 자전거를 타러 나갈 수 있는 형편이 아니었다. 나는 더 깊은 절망감을 느꼈다. 많은 환자를 만나는 의사에게 나는 그냥 운동으로 이겨낼 수 있는 정도의 사소한 병일 뿐이라는 낙인을 받은 것 같았다. 처방해 준 항우울제를 들고 병원 밖으로 나오며 내가 생각한 정신건강의학과와 현실은 많이 다름을 느꼈다. 나의 아픔을 보듬어 주는 것까지는 안 돼도, 진심 어린 표정으로 들어줄 줄은 알았는데 그것마저도 되지 않아 한 번 더 절망을 느꼈다. 기계적으로 약만 손에 쥐여준 느낌이었다.

두 번째 찾아간 병원은 의사 여러 명이 진료를 보았고, 입원 시설도 갖추고 있는 큰 병원이었다. 진료실로 들어가니 평범하게 생긴 육십 대 남자 의사가 앉아 있었다. 최소한 이전 병원보다는 내 말을 잘 들어줄 것 같은 생각에 편안함을 느꼈다. 평소에 쾌활하다가도 낭떠러지에서 떨어지는 것처럼 우울감이 밀려와 아무것도 할 수 없고, 후배 직원에게 모든 신경이 쏠려 제대로 일을 할 수도 없다고 이야기했다. 후배에게 한마디 하고 싶어도, 내가 선배로서 후배하고 싸워 뭐하겠냐 하는 생각에 입을 닫게 된다는 말까지도.
의사는 가만히 듣고 있었다. 모든 사람이 직장 내 관계로 병원을 찾진 않는다고 했다. 하지만 나의 경우는 원래 우울감이 많은 사람이었는데, 후배 직원과의 마찰로 그것이 촉발되어 걷잡을 수 없이 퍼져버린 것이 문제라고 했다. 그는 내가 심각한 우울증이라고 진단 내렸다.

그 병원에서 약을 지어와 몇 달을 먹었다. 그사이에 이혼과 자살 시도가 있었다. 약을 먹고 몇 시간 동안은 마음에 안정이 찾아오는 듯했지만, 장기적인 치료나 진전은 없었다. 병원에 가 약을 타며 재상담을 요청했다. 자살 시도와 모멸감, 그리고 불안감, 내 기분의 불안정함까지 이야기 하자 그는 내게 휴직을 권했다. 그래서 지푸라기라도 잡는 심정으로 휴직했다.

보통 정신과 질환에 대해 이해가 부족한 사람들은 환자를 괴롭게 하는 원인이 제거되면 바로 병이 나을 거로 생각한다. 하지만 그렇지 않다. 만약 자신을 괴롭히는 원인이 제거되어 기분이 나아지고 인생이 편안해진다면 그것은 환자가 아니다.

환자는 병의 원인이 모두 없어져도 전혀 나아지지 않고 오히려 병이 깊어지기도 한다. 원인은 없어졌지만, 상처는 아물지 않고 그대로 남아있는 것이다. 휴직 후 몇 달 동안 운동과 독서처럼 마음의 안정을 주는 활동을 열심히 했지만 크게 나아지지 않았다. 수면제와 신경 안정제 같은 단기적인 약물에만 의존하고 있었다.

우울증약을 꾸준히 먹었지만, 전혀 나아지는 것 같지 않아 다시 병원을 옮겼다. 이번에는 K 대학교 병원. 대학병원에서 진료를 받는다고 생각하니 이미 다 나은 것 같은 위로받는 느낌이 들었다. 어쩌면 이 지긋지긋한 병에서 벗어나 자신감 있고, 생기 있는 나 자신으로 돌아갈 수 있지 않을까 하는 희망.
의사는 내 나이보다 조금 더 많은 것 같았고, 말수가 적고 목소리도 작아서 마음에 들었다. 무언가를 말해야 한다는 부담감을 많이 줄여주는 사람이었다. 나는 우울증약을 몇 달간 먹어왔으며 그렇게 되기까지의 상황을 자세히 말했고, 그는 이전 병원에서 우울증을 진단받았냐고 내게 재차 물었다.

그는 기분의 정도를 1~5단계로 정의해서 내게 물었다. 1단계는 나 자신이 쓸모가 없고, 아무것도 하기 싫고 심지어는 사는 것까지 귀찮게 느껴지는 단계이고, 5단계는 지나치게 의기양양해서 내 실제 능력과 상관없이 뭐든 할 수 있을 것 같고, 새로운 일을 벌인다든지, 돈을 지나치게 많이 쓰는 등의 충동적인 행동을 하는 단계. 나는 둘 다 해당이 되는데 그 주기가 매우 짧다고 대답했다. 몇 가지 검사와 테스트를 거쳐 의사는 한 번도 들어보지 못한 병명을 내 앞에 내놓았다.
"양극성 장애라는 병이 있는데요, 조울증이라고 더 잘 알려진

병입니다. 더 지켜봐야 알겠지만, 추정으로는 양극성 장애인 것 같으니 일단 그에 맞는 약을 써 보도록 할게요."
조울증이라는 병은 어디에선가 들어본 말인 것 같았지만 '양극성 장애'라는 단어가 나에게 이 병을 더 무서운 병으로 인식하게 했다. 의사와 상담하면서 내가 하나 더 알게 된 것은 나의 마음 상태였다. 나는 휴직하며 평소 힘들어했던 인간관계를 차단했고, 이혼과 재혼을 거치면서 다시 설레고 안정감 있는 결혼 생활을 시작한 상태였다. 오히려 스트레스를 받을 요소를 모두 제거했는데, 우울감을 여전히 느끼고 있다는 것에 대해 죄책감을 느끼고 있는 것 같다고 의사는 내게 말했다.

나는 누가 봐도 이젠 평안하고 행복해야 할 사람인데, 내 마음은 왜 아직도 지옥 같을까. 나는 의사에게 내 어린 시절부터 최근의 일까지 빠짐없이 말하려고 애썼다. 내 말을 모두 들은 의사의 "열심히 사셨네요." 이 한마디가 어떤 긴 말보다 내게 큰 위로가 되었다. 형식적인 말이었을지 모르지만 내게 열심히 살았다는 말을 해준 사람은 이제껏 아무도 없었다. 그 말에 눈물이 났지만, 꾹 참았다. 다른 환자들처럼 의사 앞에서 눈물을 흘리고 싶지 않았다. 약을 조절하거나 교체해야 할 수 있으니 일주일 후 다시 진료를 보기로 했다.

라모트리진(양극성 장애에 흔히 쓰는 약) 25mg과 수면제 등 다른 약들을 복용하고 일주일 후 다시 병원을 찾았다. 일주일 정도로는 약의 효과를 볼 수 없다며, 이 약을 먹은 후 피부 발진이나 그밖에 다른 부작용은 없었느냐고 의사는 내게 물어왔다. 일주일 동안 잘 지냈고 약도 체질에 맞는다고 하니, 25mg으로는 효과를 낼 수는 없고 점차 늘려가며 경과를 보자는 말로 상담을 마쳤다.

지금은 약을 125mg까지 늘려 놓은 상태다. 예전에 나는 기분의 폭이 1단계와 5단계를 왔다 갔다 했다면 지금은 2~4단계 정도를 왔다 갔다 하는 상태로 지내고 있다. 다른 질환도 마찬가지지만 정확한 진단과 약물 투여가 환자에게 얼마나 중요한지 알 수 있었다. 몸이 아프든 마음이 아프든 여러 병원에 다녀보고 많은 전문가의 이야기를 들어보는 것이 병을 고치는 데 많은 도움이 된다.

돌고 돌아 나는 정확한 내 병명을 알았다. 그러고 나니 내 병에 대한 이해가 더 높아졌고, 나조차도 내 행동에 의문이 들 때가 많았던 부분도 자연스레 해소되었다. 병을 고치는 데

있어 첫째는 내 병을 제대로 아는 데에 있다. 치료가 어렵기로 유명한 조울증. 아직 이 녀석을 등에 업고 꾸역꾸역 앞으로 나아가고 있긴 하지만 그래도 병명을 아는 첫 단계는 마쳤으니 조금 더 힘을 내 발을 내디뎌본다.

마음의 병을 앓고 있거나 마음이 아픈 상태가 되었다고 해도 나를 탓하지 마세요. 마음의 병에는 '죄책감'이 발병의 원인이자, 가장 안 좋은 생각 습관입니다. 자리를 털고 일어나 이불만 개어 보세요. 세수만 해 보세요. 그러면 훨씬 기분이 나아질 거예요. 오늘도 '아자' 해보자고요.

왜 하필 조울증일까?

우울증이 오래되면 조울증이 된다고 한다. 난 왜 하필 우울증이 조울증으로 발전한 걸까. 아니 더 과거로 돌아가 나의 우울증 원인은 무엇이었을까.

과거로 돌아가 생각해 보면 가정환경이 나를 우울하게 만들었다. 나는 경제적으로 어렵지 않은 가정에서 모자람 없이 자랐다. 하지만 마음은 항상 가난했다. 아버지와 어머니는 사업 때문에 늘 바빴고, 학교에 다녀오면 불 꺼진 방안을 마주해야 했다. 집에서 시간을 보내거나 친구와 놀고 나서도 부모님은 귀가하지 않았고, 내가 잘 때쯤 되어야 집에 돌아왔다.

아버지는 더 늦게 집에 들어오곤 했는데, 술에 만취해서 들어오는 날이 그렇지 않은 날보다 훨씬 많았다.

아버지는 평소에는 재미있고 자상한 사람이었지만 술을 마시고 들어오는 날엔 누구보다 더 무서운 사람이었다. 사람을 때리지는 않았지만, 집안 물건을 다 부수며 소리를 질렀고 마지막엔 항상 울었다. 부모 없이 고아로 자라 얼마나 많은 세월을 힘들게 살았는지 이제는 이해하지만, 어릴 적 술에 취한 아버지는 내게 전쟁과도 같은 공포였다.

아버지가 소리를 지르며 물건을 부수고 엄마와 싸울 때면 나는 방에서 귀를 막은 채 이불을 덮어쓰고 덜덜 떨고만 있었다. 일주일에 족히 다섯 번은 있는 일이었다. 그러다 보니 나는 아버지가 귀가하는 시간만 되면 심장이 뛰고 손발에 땀이 났다.

두 번째는 학창 시절이다. 어린아이들은 자신과 조금 다르면 이상하다고 생각하는 경향이 있다. 우리는 학습으로 나와 생각이 다르고, 사고 과정이 다르고, 또 취향이 다른 사람이 있을 수 있다는 사실을 배운다. 그것을 미처 배우지 못한 어린아이들은 보통 아이들과 조금 다른 아이를 쉽게 따돌림의 대상으로 점 찍곤 한다.

여덟 살 내 친구들은 하나같이 분홍색을 좋아했다. 분홍색 원피스를 입고 분홍색 구두를 신고 싶어 했고, 인형도 분홍 토끼 인형을 좋아했다. 나는 어릴 적부터 특이한 아이였다. 나는 회색 토끼가 좋았다(오히려 어른이 되고 나는 핑크 신봉자가 되었다). 분홍색 토끼는 세상에 없지만, 회색 토끼는 세상에 존재하는 것이니까. 분홍색 건물은 없지만 회색 건물은 있다. 분홍색 하늘은 없지만 회색 하늘은 있다. 내가 회색을 좋아하는 이유였다. 내가 따돌림을 당하는 이유를 같은 반 아이들한테 들으면 매번 이 이야기가 나왔다.
"걘 이상하게 회색을 좋아해."

조그맣고 내성적인 나는 쉽게 따돌림의 대상이 되었다. 중학교 때는 하지도 않은 거짓말을 했다고 누명을 쓰기도 했다. 어떤 말을 들어도 가만히 있는 나는 외향적이고 이기적인 아이들이 건드리기 좋은 아이였다.
어느 날은 다른 반의 키 큰 아이가 친구 여러 명을 데리고 내게 다가와 대뜸 우리 반 한 아이의 이름을 대며 내가 그 아이를 따돌렸냐고 물었다. 나는 항상 말이 없고 구석에 숨어있는 아이였기 때문에 그럴 리가 없었다. 하지만 그 아이들은 나를 몰아붙였고, 나는 그들에게 폭언과 폭행을 당할 수밖에 다른 도리가 없었다. 그 일로 나는 성격 개조를 해야겠다고 생각했다. 고등학교에 올라가면 절대 이렇게 당하지 않겠다고 생각했다.

고등학교에 진학해서는 일부러 튀는 행동을 했다. 자신감이 넘친다는 듯이 행동했고, 웃을 때도 크게 웃었다. 학교에서는 부끄러워서 할 수 없고 집에서만 하던 행동들을 학교에서 하기 시작했다. 조잘조잘 내 이야기를 하고, 발표를 할 때에도 큰소리로 하기 위해 노력했다. 나는 구김살 없이, 상처 없이 자란 아이처럼 행동하려고 했다.
하지만 마음속 큰 구멍을 숨길 수는 없었다. 처음에는 나를 모르고 주위로 모여들던 친구들이 나의 어두운 면을 보고 나면 하나둘씩 내 곁을 떠나가서 학기 말이 되면 친한 친구 한두 명만 남곤 했다. 중·고등학교 시기를 떠올려보면 유독 자주 우울하긴 했다. 일주일에 한 번씩은 깊은 밤에 이불을 뒤집어쓰고 울었다. 왜 우는지도 몰랐다. 그냥 우울하고 슬펐다.

세 번째는 남의 눈을 지나치게 의식하는 습관이 원인

이 되었다. 남들이 나를 어떻게 볼지가 내겐 가장 중요했다. 그래서 학창 시절에도 친구가 내 욕을 했다는 사실을 전해 들으면 모든 일상이 정지되었다. 학원에도 가지 못하고 밥도 잘 먹지 못했다. 그 아이가 내 욕을 하며 지었던 표정, 했던 말들이 떠올라 아무것도 할 수 없었다. 어떻게든 그 앨 만나 변명을 해 오해를 풀어야 일상으로 되돌아갈 수 있었다.

그건 직장생활에서도 마찬가지여서 일을 할 때 내 우선순위는 남에게 부정적인 평가를 듣지 않는 거였다. 누구도 부정적 평가에서 벗어날 수 없다는 사실을 책으로부터 배웠는데도 그게 잘되지 않았다. 누군가 뒤에서 나에 대해 이야기했다는 사실을 알게 되면 몸과 마음이 얼어붙어 하지 않던 실수까지도 하는 상황이 반복됐다. 나를 부정적으로 보는 눈빛조차 견디기 어려워 오히려 나를 욕한 사람을 내가 피해 다녔다.

네 번째는 낮은 공격력. 아니 0에 가까운 공격력이었다. 누군가가 내게 상처 주는 말을 하면 나는 그 말을 모두 흡수한다. 아무 말도 하지 못한다. 누군가와 부딪히는 걸 병적으로 싫어해서 항상 입을 닫아버린다. 내가 공격을 당했으면 나 자신의 마음 정도는 지킬 수 있을 정도의 공격력은 필요한데,

그조차 나는 가지고 있지 못했다.
사람들이 내게 어떻게 하든 나는 그냥 지켜볼 수밖에 없었다. 어떤 말이라도 하고 싶었지만, 그 상황이 되면 나는 꿀 먹은 벙어리가 되어서 아무 말도 하지 못한다. 말만 못 하면 다행인데 나를 모르고 내게 던지는 말들 하나하나가 내 마음속에 박혀서 나를 아프게 했다. 그래서 나는 항상 우울했다. 하고 싶은 말이 많았고, 항상 억울했다.

내가 가진 조울증이 발병한 원인은 이렇게나 다양하다. 누구나 이런 경험이 있을 수 있지만 누구나 조울증으로 발전하는 것은 아니다. 전문가들은 우울증을 '마음의 감기'라고 말하곤 한다. 하지만 조울증으로 발전하면 말이 달라진다. 일부 전문가는 조울증은 성격을 관장하는 뇌가 다른 사람과 다르게 변형되어 발병하는 '몸의 질환'이라고 말한다. 우울증이 오래돼 아예 뇌가 변형된 병이라고.
내 마음대로 과거를 고칠 수는 없다. 과거를 있는 그대로 안아주고, 그때의 나 자신을 위로하고, 용서하고 인정해 주는 방법밖에 없다. 그것이 어쩌면 가장 필요한 치료 약일지 모른다.
조울증을 치료하기 위해 나는 오늘도 약을 먹고, 명상을 하며 하루를 보낸다. 나에 대해 생각하며 나를 안아주는 상상을 한다. 사람과 헤어질 때 잘 헤어지는 것이 중요하듯이 병과 헤어지는 것도 원인을 알고 치료하며 잘 헤어지는 게 중요하다. 운동을 하고, 좋은 생각을 하고, 글을 쓰며 나는 조울증을 떠나보내기 위해 오늘도 노력 중이다.

 내가 어떤 것을 (병이나 습관, 생각) 가지고 있다면, 그것을 가지게 된 원인을 알게 되었을 때 그것을 더 잘 활용하거나 버릴 수 있는 용기가 생깁니다. 내가 이것을 가지게 된 원인은 무엇인지, 왜 이렇게 될 수밖에 없었는지 차근차근히 생각해 보는 시간을 가져 보세요. 원인 없는 결과는 없답니다.

그 녀석과 함께 사는 법

휴직 후 몇 달 되지 않아 다시 조증이 찾아왔다. 조증이 찾아오면 잠도 안 자고 열심히 일한다는 장점도 있지만, 분노조절장애가 함께 찾아온다는 무시무시한 단점이 있다. 자그마한 일로 불같이 화가 났다. 직장에서 풀지 못했던 울화가 한번에 찾아왔다.

그날은 남편이 부서 회식 때문에 늦게 들어온 날이었다. 오늘 늦게 들어온 것도 모자라 다음날에는 일이 밀려 야근하느라 늦었고, 그다음 다음날은 행사가 있어 늦게 귀가했다. 화를 낼 일도 아니었는데 삼 일을 내리 한 늦은 귀가에 화가 났고, 나는 어릴 적 아버지가 했던 것처럼 물건을 부쉈다. 거기에 더해 벽에 머리를 세게 박는 자해까지도 서슴지 않았다. 이렇게 작은 일에도 불같이 화를 내고 나면 그날 밤 남편은 악몽을 꾸곤 했다. 그럴 때마다 나는 남편에게 미안했지만, 그런 일이 한동안 계속 반복되었다. 나는 나 자신이 혐오스러웠다. 그런 나를 화 한번 안 내고 참아준 남편에게 고맙고 미안한 마음이 들었다. 분노를 조절 못 해 남편을 괴롭히는 일을 하지 않으려 나름대로 화를 참고, 상대를 이해하려 노력하고 있다.

조증이 찾아오면 나는 심하게 돈을 썼다. 백만 원은 우스운 수준이었다. 어느 날은 지나가다가 휴대전화 가게에 붙어있는 포스터를 보고 백만 원이 훌쩍 넘는 휴대전화를 그날 바로 사들였다. 그러나 사고 나서 며칠 후면 항상 후회했다. 무언갈 갖기 전에는 갖고 싶어 미칠 것 같지만, 갖고 나면 시드렁해지는 날들이었다.
보통 내가 무언가를 배워야겠다고 생각하며 거금을 결제할 때면 나는 조증 상태다. 영어, 일본어, 피아노, 그림, 요가, 필라테스 등등. 조증 상태인 내가 벌여 놓은 일들을 울증 상태인 또 다른 내 자아가 감당해 내느라 매번 힘들어한다. 그래도 조증의 내가 시작한 일들이 좋은 결과를 맺거나 많은 것을 경험해 보는 기회가 되기도 한다. 애써 찾자면 좋은 점도 있다.

동네 강변에서 마라톤을 열심히 하던 때가 있었다. 강바람이 불어 시원하기도 했고, 물과 산이 어우러져 있는 풍경을 보며 뛰고 나면 마음이 꽉 찬 느낌이 들었다. 차로 십 분 정도 나가야 강변에서 뛸 수 있지만 운전을 해 강변으로 나가는 그 시간도 좋았다. 5㎞를 내리뛰었으니, 힘이 넘쳤다. 아이디어도 잘 떠올라서 글을 여러 편 쓰기도 했다.

하지만 꾸준히 하는 게 아니고 들쑥날쑥 마음이 내킬 때 한 것이라서 역시나 나중엔 병원 신세를 져야 했다. 의지를 탓하고 싶었지만, 의지의 문제가 아니라고 의사 선생님은 말했다. 물론 이렇게 운동을 한다고 금방 병이 낫는 것은 아니다. 운동을 열심히 하다가도 울증으로 빠지면 달리기는커녕 걷는 것조차 하기 싫어진다. 운동은 조울증의 보조일 뿐이었다.

집 밖에도 쉽게 나가지 못하는 우울증 환자에게 운동이 좋다고 아무리 말해봤자 소용이 없다. 오히려 환자에게는 상처가 될 수도 있는 말이다. 그럴 땐 먼저 약을 꾸준히 먹어서 의욕을 끌어올린 후에 자연스럽게 걷기부터 시작하면 된다. 이럴 때 가족들의 도움이 많이 필요하다.

　　　　조울증 환자에게 취미생활은 필수다. 취미생활이 병을 바로 낫게 해주는 건 아니지만 기분을 환기해 주고 생활 전반에서 자신감이 생기도록 만들어 준다. 나는 독서와 글쓰기가 유일한 취미였지만, 그런 정적인 취미 말고 운동이나 악기 연주 같은 동적인 취미생활이 더 도움이 된다고 한다. 동적인 취미활동은 즐거움과 성취감을 주기에 우울한 기분을 완화하고 조증 상태의 과도한 에너지를 건강하게 발산하도록 돕는다.
취미에 집중하는 동안에는 스트레스 요인에게서 벗어나 심리적인 안정감을 얻을 수도 있다. 또, 공통의 관심사를 가진 사람들과 함께 취미생활을 하면 사회적 교류가 활발해지고 고립감을 해소할 수 있다.
이런 이점에도 불구하고 나는 여러 가지 종류의 취미생활을 오래 유지하지 못했다. 취미생활이 가벼운 울증에는 많은 도움이 되지만 한꺼번에 큰 파도처럼 밀려와 모든 것을 떠내려가게 만드는 큰 우울함이 덮치면 잘하던 취미생활도 힘없이 무너지고야 말기 때문이다. 그러면 나는 나 자신에게 또 실망하고 만다. 하지만 조증 시기가 오면 나는 또 다른 무언가를 배우게 될 것이다.

분노조절장애, 과소비, 운동, 취미생활까지 나는 이렇게 조울증에 좋은 것과 나쁜 것을 반복하며 살아가고 있다. 어떤 날에는 나 자신을 칭찬하고 싶을 만큼 뿌듯함을 느끼다가도 어떤 날에는 나를 죽도록 미워하게 만드는 이 병은, 내 안에 있지만 가장 버리고 싶은 굴레다. 하지만 날이 갈수록 차도가 있을 거라는 희망을 안고 살아가는 것, 남에게 해가 되거나 나에게 나쁜 영향을 주는 증상은 한 번만 더 참아보는 것, 운동이나 취미생활같이 치료에 좋은 것들은 조금 힘들어도 한 번 더 해보는 것, 그것이 내가 조울증과 함께 사는 방법이다.

희망이란 무엇일까요. 내 상황이 끝이 보이지 않는 터널 속 같이 느껴지더라도 한 줄기 빛을 향해 나아가는 것이 희망이라고 생각합니다. 조울증과 함께 살아야 하지만 언젠가는 이 고통도 끝이 날 거라고 믿고 있거든요. 당신에게 희망이란 어떤 것인가요.

외롭다는 감정에 지배당할 때

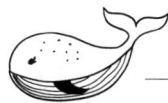

　'철저한 외로움이 절대 시들지 않는 능력'이라고 말한 알베르 카뮈의 명언처럼 철저한 외로움은 내게 어떤 도움이 되고, 어떤 능력이 되어줄까.

　　　나는 어릴 적부터 외로움이라는 감정에 유독 약했다. 매일 외로웠고, 외로움을 느끼면 우울감을 함께 느꼈다. 낮잠을 자고 일어나 아무도 없는 방을 보고 있으면 한없는 외로움에 가슴이 에일 듯이 아파지면서 눈물이 났다.
처음에는 내가 사람을 너무 좋아해서라고 생각했다. 늘 사람을 믿었고, 쉽게 빠져들었다. 내가 만난 모든 사람은 좋은 이들이고, 내가 의지할 수 있는 존재라고 생각하며, 그들에게 마음을 다 내어주었다. 친구를 사귈 때도 나와 결이 비슷한 사람이라고 생각하면 그 친구의 마음을 얻기 위해 친구의 모든 것을 챙겼고, 친구가 토라지기라도 하면 세상이 무너진 것처럼 반응하며 밥도 먹지 못하는 지경에 이르렀다.

  사람들과 만나며 잠시 외로움을 잊긴 했으나 실은 인간관계라는 것이 나를 가장 피곤하게 만들었다. 사람에게 사랑은 받고 싶지만, 인간관계는 힘들었다. 자주 약속을 잡으면 피곤해서 방전되기 일쑤였고, 내가 기대하는 바에 부응하지 않는 친구를 보며 혹시 나를 싫어하나? 왜 내가 챙겨주는 만큼 챙겨주지 않는지 생각하며 괴로운 날이 많았다.
하지만 애써 서운함을 감추었다. 서운함을 말하면 친구나 동료가 나를 미워하게 될까 봐 무서웠다. 그건 연애에서도 마찬가지였다. 연애할 때는 그 사람에게만 집중하며 공부도, 내가 평소에 누리던 일상생활도 모두 포기하고 연애에만 집중했다. 급하게 상대에게 다가가 상대방이 부담을 느껴 나를 멀리한 적도 많았다.

이십 대 후반부터는 친구들이 하나둘 결혼했고, 삼십 대부터는 아이를 낳아 키우기 시작한 친구가 부쩍 많아졌다. 미혼이거나 아이를 낳아 키우는 친구들, 이렇게 둘로 나뉘다 보니 나는 결혼은 했지만, 아이가 없어서 미혼인 친구들이 으레 하는 연애 이야기에 낄 수가 없었고, 아이를 키우고 있는 친구들은 만나기가 어려웠다. 어렵게 만난다 해도 아이와 관련된 이야기만 했다. 두 쪽 다 공감은 어려웠다.
예전에는 몇 시간씩 수다를 떨어도 헤어지는 게 아쉬워서 전화로 못다 한 이야기를 하곤 했는데 이젠 서로 할 말이 없었다. 두어 시간 만에 자리를 털고 일어나 다음에 또 만나자고 약속은 했지만 좀처럼 다시 만나게 되지는 않았다. 이렇게 친구들과 멀어지며 외로움을 다시 느꼈다.

친구들이 한 명 한 명 결혼할 때, 나도 결혼해야겠다고 생각했다. 결혼하면 정서적으로 훨씬 안정되리라는 확신이 있었다. 나는 연애할 때는 활기 있는 일상생활이 어느 정도 가능했고, 연애하고 있지 않을 때는 혼자라는 두려움에 우울감을 많이 느꼈다. 결혼하면 좀 더 안정적인 관계를 유지할 수 있으니 외로움을 극복하는 데 도움이 될 거라 판단했다.

결혼 하고 나서는 외로움이 많이 없어졌다. 제대로 옷도 갖춰 입지 않은 내가 눈 오는 겨울 벌판에서 벌벌 떨고 있는 꿈을 더 이상 꾸지 않게 되었다. 퇴근 후에 항상 누군가를 반겨주고 저녁을 먹으면서 함께 대화를 나누거나 텔레비전을 보며 한가로운 시간을 보냈다. 행복했다. 이보다 더 마음이 안정될 수는 없다고 생각할 정도였다. 혼자 살 때보다 정신적으로 훨씬 쾌적한 일상을 누렸다.

병원에서 적극적인 치료를 받으며 외로움에 대한 병적인 집착을 줄였다. 그래도 무엇보다 가장 좋은 처방은 남편과 부모 형제, 그리고 나를 가장 잘 이해하는 친구와 함께 시간을 보내는 것이 가장 큰 치료 방법이었다.
그러나 외로움이 내게 준 것도 있었다. 나는 우울하고 친구 하나 없는 어린 시절을 보냈는데도 어른이 되고 나서는 외로움을 느끼지 않기 위해 사람들과 잘 지내려고 노력했다. 물론 마음속에서는 괴로움과 피곤함이 있었지만, 회사 동료를 친구로 만들고 친구의 친구가 내 친구가 되었다. 외로움을 느꼈기 때문에 좋은 반려자를 만났고, 지금도 그에게 의지하고 그도 나에게 의지하며 살고 있다. 외로움 때문에 글쓰기를 시작했고,

외로움 때문에 생각이 많은 사람이 되었다. 알베르 카뮈의 명언대로 철저한 외로움이 내게 이 많은 것들을 주었다.

현재는 내게서 조금 떨어져 나간 외로움. 이 외로움 때문에 얻은 많은 것들이 있지만, 이제는 조금 거리를 두고 더불어 사는 행복함을 먼저 생각하며 살고 싶다. 약을 꾸준히 먹고, 좋은 생각을 많이 하고, 믿을만한 사람들과 맛있는 것을 먹고 좋은 시간을 보내려 한다. 누군가가 만약 마음속에서 극심한 외로움을 느낀다면 혼자 발버둥 치며 일어나려고 노력하지 않아도 된다고 말해주고 싶다.
비로소 혼자가 편해져야 함께 있어도 행복하다는 전문가의 말을 너무 믿은 나머지 혼자가 되는 걸 견딜 수 없어 하는 자신을 미워하거나 탓하지 않았으면 좋겠다. 외로움의 감정을 자연스럽게 받아들이고 주변 사람들에게 손을 내밀고 함께 이겨 나가는 것도 외로움과 작별할 수 있는 하나의 방법이 될 수 있다. 인간은 언제나 함께 사는 동물이다. 내가 사랑하는 사람들과 함께 있으면 될 일이다.

살아가는 것이 힘이 들 때, 혼자라는 외로움이 밀려올 때 어떻게 극복하나요? 저는 가족이나 사랑하는 사람들과 시간을 보내며 한참 이야기를 나눕니다. 그러면 기분도 좋아지고, 내 마음속 복잡했던 생각 덩이들이 조금씩 쪼개져 그것이 사실은 아무것도 아니었다는 것을 알게 되거든요. 외로울 때는 내가 믿을만한 사람, 내가 사랑하는 사람과 함께 시간을 보내 보세요. 이게 행복이구나, 하고 느끼게 될 거예요.

이별 다섯 걸음

비로소 나는 성숙해졌다

핑계 그리고 노력

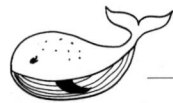

　　　나는 전교에서 오리걸음을 가장 잘하는 아이였다. 지각 대장이었기 때문이다. 내가 다닌 고등학교에서는 지각생에게 벌을 주기 위해 아침에 오리걸음을 시켰는데, 나는 매일 그 벌 받는 무리에 속해 있었다. 매일 오리걸음을 하다 보니 운동이 됐는지 체중이 빠지고 근육이 생겼다. 그래서 다른 학생들보다 빠르게 중요임무(?)를 완료하고 교실에 들어가곤 했다.
안 되겠다 싶어 엄마는 택시를 태워 나를 학교에 보냈지만, 애석하게도 지각하는 건 마찬가지였다. 늦게 취침해서 늦게 일어나는 이유도 있었지만, 일찍 일어나기 위해 열심히 노력한 날이 없었다. '지각해도 어쩔 수 없지.'라는 생각이었으니까.

시험도 그랬다. 그나마 수업 시간에는 집중해서 수업을 잘 듣지만 그게 다였다. 집에서 공부한 적이 없어서 우리 집엔 책상도 없었다. 시험 전 한 달, 최소 일주일 전에는 열심히 공부해야 하지만 내 사전에 '열심히'란 없었으니. 시험 전날에도 놀러 다니느라 바빴다. 학교 수업 시간에 들은 수업 내용으로만 대충 시험을 쳤고, 성적은 그저 그랬다. 내 인생은 항상 이런 식이었다.

오늘도 '노력'이라는 단어 아래에서 오묘한 죄책감을 느낀다. 내 안에 '노력'이라는 단어는 누구나 다 지키며 사는 공중도덕을 지키지 않았을 때 느껴지는, 사소하지만 불편한 느낌을 준다. 우리는 노력하며 살아가는 삶이 바람직하고, 무언가를 얻기 위해서는 노력이 필수라고 배워왔다.
하지만 나는 왠지 모르게 노력해도 실패하는 상황을 만나는 것이 두려워서 노력하지 않았다. 차라리 내가 노력하지 않아서 실패한 거라면 '내가 다음에 최선을 다하면 되지, 이번엔 내가 최선을 다하지 않았기 때문이야.' 하고 자기 위로를 할 수 있지만 최선을 다했는데도 실패한다면 무얼 탓해야 할지 몰랐기 때문이었다.

노력하지 않는 삶은 후회만이 남는다고 흔히들 말한다. 맞는 말이다. 하지만 노력하지 않으면 나의 재능을 검증하는 일을 미루게 된다. 노력하지 않음을 탓하면 되니까. 매사에 재능 없음을 발견하는 일이 내게는 가장 힘든 일이자 대면하고 싶지 않은 일이었다. 그래서 나는 노력하는 삶을 차일피일 미뤘다.

무엇이든 노력하는 사람을 보면 경외심이 든다. 노력해서 자신의 목표를 이루는 사람들. 기필코 자신의 꿈을 이뤄내는 사람들 말이다. 자신이 얻고자 하는 것을 매일매일 꾸준히 하고, 혹여나 힘들어도 꾹 참아내며 앞으로 묵묵히 걸어가는 사람들을 존경한다.
귀찮다고 생각했던 운동을 다시 시작했다. 일 년간 5㎞ 달리기를 했었는데, 그것도 게으름 때문에 한동안 하지 않았다. 운동으로 새 삶을 찾고, 건강을 찾은 사람들이 많은 만큼 운동은 노력할 가치가 있다. 글쓰기에 노력을 기울이는 사람도 많다. 매일 SNS에 짧은 글을 올려 그것이 빛을 보는 사람들, 자기 이야기를 진솔하게 풀어내어 유명해지는 사람들을 많이 보았다.
글쓰기도 분명 나를 대면하고, 다른 사람들을 위로하는 과정에서 생기는 인류애를 글로써 전달하는 일이므로 매우 가치 있는 일이다. 운동을 통해 건강을 되찾은 사람도, 글쓰기를 통해 세상에 대한 애정을 실천하는 사람도 보이지 않는 곳에서 쉬고 싶은 걸 참고, 놀고 싶은 것을 참으며 정진해 나간 사람들이겠지.

 노력한다는 것은 어쩌면 자신의 인생을 사랑하는 일인지도 모르겠다. 게으름을 참고 인내하는 것. 힘든 인생의 고비를 피하지 않고 맞서서 앞으로 나아가는 것.
언젠가 한 번은 최선을 다해 노력하는 행위를 해보고 싶다. 지난 세월 되는대로 쉽게 쉽게 살아왔지만, 죽기 전 언젠가의 시점에 무언가를 위해 몸과 마음을 모두 바쳐 노력하고 싶어지는 대상이 생겼으면 좋겠다는 바람이다.
지금도 작은 노력을 하며 '노력 근력'을 키우는 중이다. 본능을 억제하고 참고 인내하며 한가지 목표만을 생각하는 것, 수행하듯 무언가를 위해 노력한 경험이 나에게도 생긴다면 조금 불완전한 삶이었어도 생이 즐거웠다고 말할 수 있을 것이다.

 노력은 삶을 풍요롭게 하고 내 자존감을 나 스스로가

지켜줄 수 있도록 내려준 신의 선물이다. 삶의 꽃을 피우기 위해 땅에 심어놓은 씨앗이다. 핑계, 게으름과 헤어짐을 선언하고 이제는 나도 노력하는 삶을 살아 최선을 다해 나만의 꽃을 피워보려 한다.

어떤 것을 얻어내기 위해 노력했던 적이 있나요? 아니면 얻고 싶었지만 노력하긴 귀찮아서, 가지지 못할까 봐 겁이 나서 포기한 적은요? 너무 아득바득 노력하며 살지 않아도 되지만 내가 정말 성취하고 싶은 것이 있다면, 그것을 꼭 가져 보겠다는 마음으로 한 번만 노력해 보는 건 어떨까요? 저도 이젠 그렇게 살아보려고요

계절의 순환

　　길고 길었던 추위와 이별하고 나면 따스한 햇볕이 우리를 노릇노릇 굽는다. 찬란하게 빛나지만, 곧 사라질 봄. 추운 겨울을 지나와 세상 만물이 찌뿌둥한 몸을 펴고 팔다리를 움직이다 보면 이내 끝나 버린다. 아쉬움을 남기는 계절이다. 봄의 대명사는 단연 꽃이다. 봄의 벚꽃을 보고 있으면 슬퍼질 정도로 아름답다. 아름다운 시간이 짧아서 더 아쉽다. 비가 내리면 꽃잎은 비에 젖어 떨어진다. 몇 안 남은 꽃잎은 푸른 잎사귀 뒤에 몸을 숨긴다. 잎사귀는 숨은 꽃잎을 안으며 푸르른 여름으로 향한다. 청아하고 투명한 봄의 색깔은 4월과 5월을 지나 바래져 간다. 사라져가는 것은 또 다른 약속을 하기에 아름다운 것인가. 또 다른 생명을 잉태하겠다는 약속. 봄이 생명의 약속 뒤에 사라지고 나면, 두 얼굴의 여름이 성큼 다가온다. 활기차고 푸르른 면만 있는가 하면, 거세고 습한 것은 여름의 또 다른 모습이다.

봄에 준비운동을 충분히 한 나무들은 진녹색 잎을 손바닥처럼 펴 여름을 반긴다. 바람 없는 여름 공기에서도 기필코 한 점을 찾아 흔들리는 새파란 이파리들. 여름 속 나무들을 들여다보고 있노라면, 마치 이팔청춘을 지나고 있는 청년 같다. 싱그러움과 활기의 맥박이다. 누군가의 노래 가사처럼 새파랗게 젊다는 말이 이해된다.
여름밤은 낮과 다른 정취를 뿜어낸다. 시골 여름밤의 나무는 반딧불이를 품고 다시 빛을 낸다. 낮에 햇빛을 받아 반짝이는 녹색 이파리들의 향연과는 다른 낭만을 선사한다. 지금은 쉬이 볼 수 없는 풍경이 되었지만 한 번 본 사람은 잊지 못할 여름밤의 모습이다.
여름의 초입을 뚫고 한여름을 지나 막바지에 이르면 우리는 여름의 또 다른 모습과 만난다. 살아 있는 생명들을 죄다 녹일 듯이 쪼아대는 팔월의 태양. 그리고 회색 하늘과 그 아래 끝도 없이 내리는 거센 비. 하늘이 벌을 내리듯 쏟아지는 빗줄기는 겁이 날 정도로 드세고, 그 비가 끝나면 다시 공기는 눅진함을 뿜어낸다. 그리고 다시 타버릴 듯한 뙤약볕이 교대로 출현한다. 그늘에서 부채를 부치며 여름 볕도 쬐고 나면 섭섭하다는 할아버지의 말처럼 이 여름도 지나고 나면 다시 그리워질 것이다. 나는 푸르고 활기찬 얼굴 뒤에 감춰진 여름의 무서운 얼굴도 사랑해 보기로 한다.

　　크고 힘센 여름을 어렵게 떠나보낸 후 선선한 바람이 불어오며 그 바람을 타고, 작고 내성적인 가을이 온다. 단풍은 바람의 등에 살짝 올라앉아 이리저리 움직인다. 푸르던 잎이 그동안 무슨 일이 있었는지, 뺨을 맞은 듯 하루 만에 붉게 변했다. 촉촉한 가을비는 싱숭생숭 첫사랑을 생각나게 하고, 쌉싸름한 소주를 불러온다.
가을은 낮의 길이가 짧아져 우울해지기 좋은 계절이다. 여름을 떠나보낸 쓸쓸함이 하늘을 메마르게 하고, 옷차림부터 가을비를 보며 마시는 커피 맛까지 우리의 모든 것을 바꿔놓는다. 하지만 가을의 한가운데에는 붉은 단풍과 노란 은행잎이 있다. 붉고, 노랗게 물든 그것을 보고 있으면 자연의 신비로움이, 각기 다른 색깔과 질감이 감탄을 자아낸다. 하지만 그들은 말라가고 이내 낙엽이 되어 떨어진다.

찬란하고 열정에 가득 찬 봄·여름과 헤어지고 겨우 만난 가을은 얼마 되지 않아 떠나갈 준비를 한다. 헤어짐을 고하고도 미련이 남아 연인을 다시 찾아오는 사람. 그처럼 가을은 작년에 못다 피운 단풍을 회상하며 다시 찾아온다. 영원한 헤어짐은 아니다.

　　　가을이 떠나고 그 자리에 겨울이 앉는다. 화이트 크리스마스를 기다리는 아이들과 갓 사랑을 시작한 연인들의 풋풋한 내음이 느껴지는 계절. 추운 날씨에도 골목길 초입에서 아버지를 기다리며 발을 동동 구르는 나의 어린 시절이 생각나는 겨울. 답답하고 좁은 단칸방 하나에 온 식구가 서로 엉켜 자며 행복했던 시절도 함께 떠오른다. 그 시절이 새삼 그립다. 겨울은 새해가 있어 새로운 것을 계획하기 좋은 계절이다. 새해를 맞아 일기장을 새로 사고 지난 일 년의 내 모습을 칭찬하고 반성한다. 그리고 다음 해의 목표를 설정한다. 나에겐 운동이고 어떤 이에겐 독서가 될 일 년의 과제. 밖에서 놀기에는 조금 추운 겨울, 방안에서 이불을 덮고 향긋한 귤을 까먹으며 반성과 계획을 하고 있노라면 지나간 해도 나쁘지 않았지만 다가오는 해가 기대되는 행복한 연말을 보낼 수 있을 거라는, 귤의 향기와 함께 희망의 내음이 느껴진다.

    우리는 계절마다 다른 색깔과 헤어짐을 준비한다. 오직 인간만이 계절별로 색깔을 느끼며 살아갈 수 있고 그 계절의 색들과 이별한다. 이별 또한 아무나 할 수 없는 소중한 것임을 색깔과의 결별에서 느낀다.

만남과 헤어짐을 반복하며 다음 계절에 대한 희망을 품는다. 더 예쁜 색을 눈에 담을 수 있고, 더 좋은 추억을 만들 수 있으리란 기대로 마음을 새로 정비하고 앞으로 다가올 계절을 맞이한다. 앞으로 오는 계절은 앞서 지난 계절보다 조금 더 나았으면 하는 바람으로. 이것이 자연의 이치이고, 삶의 전부다.

계절의 순환은 모든 것과의 만남과 헤어짐이 거역할 수 없는 자연의 법칙이란 것을 말해준다. 헤어짐은 결코 끝이 아니라는, 그러나 만남도 영원할 순 없다는 사실을 돌고 도는 계절을 통해 우리에게 알려준다. 지금도 하얀 싸락눈이 창밖에서 흩날리고 있다.

봄이면 벚꽃 내음에, 여름이면 출렁이는 파도에, 가을이면 형형색색 단풍에, 겨울이면 차고 흰 첫눈에 마음 설레는 우리들입니다. 우리는 늘 그 자리에 있는데 시간에 따라 바뀌는 계절의 순환을 보며 무엇을 떠올리나요? 이별하고 다시 만남을 반복하는 이런 순환이 우리에게 가져다주는 것은 무엇일까요? 곰곰 생각해 보세요. 자연의 섭리는 우리에게 큰 교훈을 남긴답니다..

온라인 독서 모임

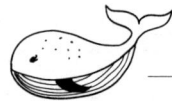

2020년 초 이주일마다 한 권의 책을 읽고 생각을 나누는 온라인 독서 모임을 만들었다. 책을 읽고 좋은 책이라고 생각하면 남들도 그러한지, 내가 인상 깊었던 부분이 남들에게도 그럴 수 있는지가 궁금했다. 좋은 책을 읽고 나서 그에 관해 이야기할 사람이 필요했다. 책에 대해 감명을 받은 나의 감상을 그냥 날려 보내고 싶지 않을 때는 독서 친구가 절실했다. 같은 구절을 읽고도 각자의 생각들이 어떻게 다른지 호기심이 들어 내가 직접 개설한 것이 바로 독서 모임이었다.

독서 모임 구성원은 내가 가입 되어있는 온라인 카페

에 게시글을 올려 모집했다. 여덟 명 정도의 회원으로 모임을 시작했다. 남자와 여자의 성비를 일부러 맞췄다. 그래야 여러 가지 다른 생각들을 들어볼 수 있을 것 같았다. 구성원들이 투표해 직접 선정한 도서를 읽었기 때문에 더 의욕 있게 책을 읽을 수 있었고, 무엇보다 문학과 비문학의 비율이 적절하게 선정되었다.

어떤 주에는 책을 너무 재미있게 읽어서 얼른 주말이 오길 기다리기도 했고, 어떤 주에는 너무 바빠서 책을 사놓고도 읽지 못하고 대화에 참여하기도 했다. 하지만 내가 책을 읽어오든 읽어오지 않든 대화는 항상 유쾌하고 재미있었다. 같은 책을 읽어도 생각이 독특하거나, 깊은 사유를 하는 독서 친구에게는 존경의 마음이 들었다.

김초엽의 『우리가 빛의 속도로 갈 수 없다면』이라는 책을 읽은 날이 우리 독서 채팅방이 가장 시끄러운 날이었다. 섬세하고 아름답고 우아한 SF소설이었다는 그것이 우리들의 공통된 의견이었다. 나는 그때 처음으로 SF소설을 읽어 보았는데, 현실적이고 공감을 위주로 하는 소설을 좋아하던 내가 SF소설에 빠져 그곳에서 즐거이 유영하게 될 줄은 꿈에도 몰랐다. 우주여행, 자료화된 뇌, 유전자 조작 등 첨단 기술의 미래를 엿본 이 책은 단연 명작이었다. 그러나 변하지 않는 건 인간의 사랑, 윤리, 이타심이라는 교훈까지.
이토록 완벽한 책을 독서 모임에서 만날 수 있는 것이 바로 독서 모임의 힘이었다. 그날은 책 이야기로 세 시간을 넘겨 수다를 떨었다. 나는 또 한 번 독서 모임을 만들길 잘했다고 생각했다. 그 밖에도 『젊은 작가상 수상 작품집』, 『대통령의 글쓰기』, 『역사의 쓸모』, 『피프티 피플』, 『가재가 노래하는 곳』, 『팩트풀니스』, 『지적대화를 위한 넓고 얕은 지식』, 『아몬드』와 같이 지금도 유명한 작품들을 함께 읽고 의견을 나누었다.

하루는 독서 모임의 구성원 중 한 명인 Y의 어머니가 돌아가신 적이 있다. Y는 한 번도 독서 모임에 빠진 적이 없었는데, 이번 모친상 중에서도 모임장인 내게 손수 연락해 독서 모임에 불참할 것 같다는 소식을 전해왔다. 그가 이 독서 모임에 애정이 많다는 증거였다.
그가 모친을 모신 장례식장은 우리 집에서 차로 두 시간 거리에 있는 곳이었다. 나는 일부러 시간을 내어 그를 보러 갔고, 처음으로 온라인이 아닌 오프라인으로 그를 만났다. 나는 나만 그의 모친상에 신경을 썼다고 생각했는데, 다른 구성원들도 그에게 부조를 해왔다는 이야기를 듣고 모임장으로서 구성원들에게 감사하는 마음이 들었다. 온라인 친구가 드디어 진정한 친구가 된 것이었다.

이렇게 온라인에서 만났지만, 오프라인보다 더 끈끈한 관계가 나를 기쁘게 만들어 준 적은 한두 번이 아니었다. 서로의 취직을 축하해주며 온라인으로 주고받던 선물, 결혼과 출산을 함께 사진으로 지켜보며 같이 웃고 울었던 시간이 스쳐 지나갔다. 우리는 고민을 나누는 비밀 친구이자, 함께 인생의 한 고개를 넘을 때 옆에 있어 주는 친구가 된 것이다.

구성원과 규칙 관리만 잘된다면 어쩌면 독서 모임의 진가는 온라인이 아닐까, 생각한다. 오프라인 모임도 물론 재미있겠지만 아무래도 얼굴을 보고 이야기하면 나의 마음속 깊은 곳의 생각을 마음대로 표현하기가 어렵다. 서로 예쁜 말만 하다가 끝나버릴지도 모른다.

우리는 서로의 얼굴을 잘 몰랐지만, 시의 아름다움에 관해 대화를 나누었고 소설의 존재가치에 대해 비전문적이지만 독특한 자기 생각을 가감 없이 표현하기도 했다. "아, 그렇게 생각할 수도 있겠네요."라는 말을 서로 주고받으며 생각을 확장해 나갔다. 어떤 날에는 그 주 선정 도서의 감상과 접목해 오랜 친구에게도 하지 못하는 고민을 이야기하거나 신세 한탄을 하기도 했다. 그렇게 더 긴 시간 함께 할 줄 알았지만, 우리에게도 작별의 시간은 다가오고 있었다.

    2023년 삼 년여 동안 함께 모여 책 이야기를 하고, 재미있는 잡담을 나누던 독서 모임은 시간이 갈수록 참여자가 줄어들다가 와해하였다. 무엇보다 내가 일이 바빠지면서 참석하지 못하는 날이 많아졌고, 모임장이 참여하지 않으니, 자동으로 사기는 떨어졌다. 다른 모임장을 구하려고 했지만, 참여자 모집이나 규칙 검사 등 해야 할 일이 많아서인지 선뜻 나서는 구성원이 없었다.
또 시간이 가면서 구성원이 많이 바뀌었고, 그에 따라서 가끔 중복되는 책들이 선정되면서 기존 구성원이 제대로 독서 모임을 즐기지 못하는 상황도 자주 생겼다. 그래도 삼 년 동안 꾸준히 한 독서 모임은 나에게 많은 도움이 되었다.
온라인이었지만 끝까지 남아 나와 독서 모임을 했던 기존 구성원 네 명과 헤어지는 것은 매우 아쉬운 일이었다. 하지만 우린 각자의 생업이 있었고, 특정한 목적을 가지고 모인 사람들이라 그 목적을 다하면 헤어지는 것이 당연했다. 이 모임을 계기로 꼭 얼굴을 맞대고 만나 웃어야 꼭 친구는 아니라는 생각이 들었다. 일상을 나누는 친구도 소중하지만, 좋아하는 활동을 함께 하고 그 즐거움을 같이 나눌 수 있으면 그것이 바로 친구라는 사실을 깨달았다.

친구와의 헤어짐은 항상 아쉽다. 어른이 되고 나서 속마음을 나눌 수 있는 친구를 만나는 것은 귀한 일이다. 온라인으로 친구가 된다는 것은 더더욱 특별한 경험이다. 온라인으로 사람을 만나는 게 더 이상 이상하지 않은 세상에서 형체는 없지만 마음속에서 소중해지는 친구는 점점 늘어날 것이다. 내가 한 경험이 절대 나만의 경험이 아닐 거라고 생각한다. 네 명의 친구는 현재 무엇을 하며 살아가고 있을지 아주 궁금하지만, 알 길이 없다. 하지만 그 친구들은 책을 매개로 비밀 이야기를 털어놓을 수 있었던 내 마음속 영원한 친구이다.

오프라인으로 대면하는 만남이 절대적인 시대는 지난 거 같아요. 시대의 흐름이나 문명의 발달에 따라 친구를 만드는 계기도, 친구를 만나는 방법도 많이 달라졌으니까요. 혹시 당신은 온라인 모임으로 사귄 친구가 있나요? 그 친구는 어떤 사람이고, 어떤 관심사를 가졌으며, 어떤 점이 좋았나요? 점점 진화될 온라인 모임이 어디까지 확장될지 궁금하지 않으세요?

습관, 좋거나 나쁘거나

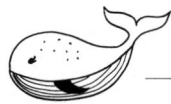

    습관이라는 것은 참 무서웠다. 불안하거나 예상치 못한 상황에 놓이게 되면 으레 손톱을 물어뜯곤 했다. 물어뜯다가 손톱 옆 살점까지 물어뜯었다. 손톱 물어뜯는 습관을 고치고 나자, 이번에는 입술을 물어뜯기 시작했다. 손톱을 물어뜯지 못하니 내 치아는 손톱을 대체할 무언가를 찾아 들썩들썩했다. 그러다 물린 게 입술이었다.

입술 껍질을 물어뜯고 나면 입술에 피가 난다. 그 피를 다시 닦고 그 자리를 또 물어뜯는다. 입술을 물어뜯으면서, 입술 껍질은 뜯으면 뜯을수록 더 많이 하얗게 올라온다는 것을 알았다. 입술 물어뜯기가 최근에 생긴 습관이라면 내 고질병인 습관이 하나 있다. 그것은 어깨에 힘을 주는 자세다.

글씨를 쓸 때도 누군가를 만날 때도 심지어는 편히 텔레비전을 볼 때도 나는 어깨에 힘을 꽉 주고 있다. 그래서 날개뼈 주위 등이 항상 아파서 안마기를 달고 산다. 그래도 어깨와 승모근에 힘을 주는 자세를 고치기가 매우 어렵다. 의식적으로 심호흡하며 어깨에 힘을 빼려 해도 그때뿐이다. 특히 일을 하고 있을 때는 어깨와 승모근에 힘이 최대로 들어가는데, 보기에 목이 짧아 보일 뿐만 아니라 안절부절못하는 인상을 주는 것 같아 여간 신경이 쓰이는 게 아니다.

   습관을 보면 그 사람의 인생이 보인다고 한다. 불안감을 느낄 때 어떻게 해소하는지를 보면 그 사람의 성격이 보인다. 불안감을 느낄 때 손톱을 물어뜯는 나 같은 사람은 어린 시절부터 그 습관을 지니고 왔을 가능성이 크다. 어린아이들이 손톱을 물어뜯으며 불안감을 해소하기 때문이다. 내 주위에 손톱을 물어뜯는 사람이 몇몇 있었는데 손톱이 많이 훼손돼 있을수록 어린 시절 불안감은 더 높았다.

불안감을 흥얼거림이나 휘파람, 미소 등으로 해소하는 사람도 있다. 그 사람들은 손톱이나 입술을 물어뜯는 사람보다는 답

대한 사람일 가능성이 높다.

또, 어떤 습관을 지니고 있느냐에 따라서 어떤 감정을 많이 느끼는지를 알 수 있다. 가령 항상 웃는 표정으로 다니는 것이 습관이 된 사람은 마음도 행복하다. 반대급부로 마음이 힘들어서 애써 웃는 연습을 해서 웃는 습관이 생겼을 수도 있지만 그것 또한 자신이 긍정적이고 활기 있게 살기 위한 노력인 것이다.

이런 단순한 신체 습관뿐만 아니라 우리는 생활 속에서 많은 습관을 안고 산다. 독서하는 습관, 메모하는 습관, 같은 시간에 자고 같은 시간에 일어나는 습관, 화가 나면 눈물부터 나는 습관까지. 이렇게 인간의 습관은 그 사람의 많은 것들을 알려준다. 심지어는 취향이나 가치관까지도.

한 사람이 가지고 있는 습관은 몇 가지나 될까. 세상에는 좋은 습관도 많지만, 술·담배와 같이 정신이나 신체 건강에 좋지 않은 습관도 많이 있다. 좋은 습관은 인간의 생활을 건강하게 만들어 주지만 나쁜 습관은 자칫 많은 것을 잃게 만든다. 그래서 우리는 나쁜 습관은 없애고 좋은 습관을 많이 만들기 위해 노력한다.

인간은 무한한 존재다. 고치지 못하는 버릇은 없다. 그리고 들이지 못할 습관도 없다. 습관을 들이거나 없애고 싶은 마음이 든다면, 나는 어떤 습관을 고치거나 강화하고 싶은지 골똘히 생각해 보자. 아마 한두 개가 아닐지도 모른다. 그중 하나를 정해 구체적인 목표를 써서 벽에 붙여둔다. 너무 높은 목표는 쉽게 좌절감을 줄 수 있으니 현실적인 목표 설정이 중요하다.

가령 새벽에 일찍 일어나 새벽 시간을 알차게 보내겠다는 목표를 잡았다면 '삼 일에 한 번 실천하기' 정도로 시작한다. 이렇게 작은 목표를 설정한 뒤에는 (너무 당연한 말이겠지만) 꾸준히 실천하는 것이 가장 중요하다. 그래야 자신감이 올라가고 조금 더 힘을 내서 새벽 기상 주기를 짧게 잡을 수 있기 때문이다. 여기서 염두에 두어야 할 것은 작은 성공에도 자신을 칭찬하고 격려하며 긍정적인 마음을 유지하는 것이다. 작은 성공의 경험을 쌓아 나가면서 자신감을 얻고 더 큰 목표에 도전할 수 있는 용기를 내어야 한다.

이렇게 차근차근 몸과 마음을 관리해 나가며 목표를 향해 걸어야 한다. 그러면 매일 새벽에 기상해 그 시간 동안 독서나 취미생활, 자기 계발하는 자신의 모습을 보게 될 것이다. 이것은 비단 새벽 기상뿐만 아니라 입술을 물어뜯거나 다리를 떠는 등의 사소한 습관을 고치는 데도 적용할 수 있다.

  고치지 못할 버릇없고, 들이지 못할 습관 없다. 우리는 얻고자 하면 얻을 수 있는 잠재력과 혹시나 실패하더라도 다시 실천할 수 있게 해주는 마음의 회복력이 있기 때문이다. 나쁜 습관과 작별하고 좋은 습관과 다시 만날 때 우리의 삶은 더 멋있어지고 자존감은 더 선명해질 것이다.

어린 시절부터 지속됐지만 아직도 고치지 못한 나만의 습관이 있나요? 그 습관은 나를 어떤 사람으로 보이게 하나요? 반대로 다른 사람의 습관 하나로 그 사람을 섣불리 판단해 본 적 있나요? 그 사람에게 그런 시선은 어떤 의미였을까요? 우리는 습관 하나로 나 자신을, 그리고 타인을 함부로 대하고 있지는 않나요.

무엇도 당연하지 않은 여행

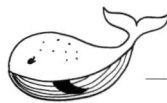

그곳에 도착해서 내가 처음 본 광경은 고양이가 꼬리를 치켜들고 담벼락 위를 걷고 있는 장면이었다. 또 다른 고양이는 지나가는 사람들의 다리에 자신의 뺨과 몸을 비비었다. 시작부터 여기가 천국이구나 싶었다.

포항 일본인 가옥 거리의 진짜 시작은 높은 계단부터다. 숨 가쁘게 계단을 오르고 나면 넓은 바다가 한눈에 보인다. 어린 시절부터 내륙에 살던 나는 바다에 대한 막연한 환상이 있었다. 나무 서랍 속에서 한과를 하나씩 몰래 꺼내 주시던 할아버지의 눈썹 같은 파도가 물밀듯이 밀려오면 왠지 모르게 그립고, 슬프고, 가슴이 벅찼다.
포항 구룡포 일본인 가옥 거리는 1883년 조선과 일본이 체결한 조일통상장정 이후 일본인이 조선으로 와서 살았던 곳이다. 일본이 구룡포항을 만들고 동해권역을 관할 하면서 많은 일본인 어부가 이곳에 정착하여 조선인들의 어업권을 수탈한 아픈 역사의 현장이기도 하다.

　　　현재 이 마을에는 마흔일곱 개의 일본식 목조 건물이 남아있어 2010년 포항시에서는 역사를 기억하는 산 교육장을 만들고자 '구룡포 일본인 가옥 거리'를 조성했다.
일본 시골 마을의 분위기가 풍기는 듯하면서도 한국인 특유의 정서를 품고 있는 곳. 계단을 내려와 가옥 거리 안으로 들어가면 먹을거리 놀거리가 풍부하다. 일본인 목조 가옥을 개조해서 만든 상점들은 다른 지역에서는 볼 수 없는 특색을 지니고 있었다. 마을 규모가 크진 않지만 구석구석 재미있는 요소들이 많았다. 알록달록한 간판과 차양을 설치한 식당들, 각종 편집숍이 줄지어 있는 조그마한 거리.

　　　이곳은 특색있는 거리답게 드라마 촬영지로 주목을 받

기도 했는데, 드라마 '여명의 눈동자' 촬영지이자, '동백꽃 필 무렵'의 배경이라고 한다. 아기자기한 물건들, 따뜻한 느낌을 주는 상점 실내장식. 하지만 동백 점방, 동백상회, 동백서점 등의 상호가 즐비해 드라마를 보지 않은 사람들에게는 상호 자체가 낯설게 느껴질 것 같아 안타까웠다. 드라마를 보지 못한 사람들을 위한 여백을 남겨뒀으면 더 좋았을걸 싶었다. 아예 상점이 하나도 없고 예전 그대로, 일본인들이 실제로 살던 모습 그대로 보존했더라면 어땠을까 하는 생각도 들었다.

그래도 다행인 것은 여러 곳에 상점 간판이 설치되어있긴 했지만, 가옥 자체는 예전 그 모습으로 비교적 잘 보존되고 있었다는 것이다. 전국 곳곳에 전통이 지켜지고 있던 곳이 관광지가 되면서 훼손되거나 그 정취가 사라져 가는 게 슬플 때가 많았지만 그래도 이곳은 비교적 옛 모습이 살아있었다.

함께 간 친구 W가 드라마 촬영 장소이자 SNS에서 가장 많이 소개되는 유명한 카페에서 고급 빙수를 먹을지, 그 옆 작은 카페에서 옛날 빙수를 먹을지 망설이고 있는 사이, 나는 한 상회로 뛰어가 모자를 하나 샀다. 이 맑은 여름날 선크림도 바르지 않고 급히 나온 친구를 위해서다. 드림캐처에 더 눈이

갔지만 필요 없는 소비를 참았다.

이곳에 와서 필요 없는 소비에 대해 생각한다. 우리는 필요하다고 착각하지만, 실상은 '있으면 편리한, 그러나 없어도 상관없는' 물건을 사곤 한다. 심지어 예전에 사놓은 물건이 있다는 것을 잊고 같은 기능의 것을 또 사기도 한다. 플라스틱이나 비닐과 같은 폐기물의 천국이 되는 우리의 바다, 동네마다 넘쳐나는 쓰레기들이 그것을 증명해 준다. 오늘도 내가 가진 것에 감사하는 마음으로 물자를 아껴 쓰겠노라 다짐하며 우리는 작은 카페에서, 작은 옛날 빙수를 사 먹으며 시간을 보냈다.

가옥 거리 끝까지 갔다가 다시 돌아와 계단을 올라서 또 한 번 바다를 보았다. 바다가 가까워 일본인의 수탈 장소가 될 수밖에 없었던 포항 구룡포. 그리고 여러 쓰레기가 부유하는 지금의 바다. 그런 바다가 일제 강점기 시기 우리 민족의 모습이 아니었을까 생각한다.

순수했던 조선인의 맑은 정신과 찬란한 일상이 외부 세력에 의해 깨어진 그때. 맑은 물과 찬란한 파도가 우리의 쓸데없는 소비로 인해 깨어진 현재. 그런 바다를 지금이라도 지키기 위해서는 필요 없는 소비를 줄이는 노력이 필요하다.

소비를 생각하든, 여행 자체를 즐기든 여행이라는 것은 언제나 헤어짐의 연속이다. 여행을 시작하며 내가 살고 있는 곳과 잠깐 이별하고, 여행을 끝내며 여행지와 두 번째로 이별한다. 집에서 출발할 때 내가 가진 모든 것을 며칠이나마 포기하고 집을 떠나온 것이 그랬고, 가옥 거리의 고양이와의 헤어짐, 여행지의 풍경, 바다 냄새와의 헤어짐이 그랬다. 나는 이번 여행 중에 환경을 생각하고, 역사를 생각하며 여행지를 떠나왔다.

여행은 자신이 가지고 있는 모든 것에 대해 감사하는 기회를 제공하고 당연하다고 생각했던 것을 당연하지 않게 한다. 치열하게 살다 보면 내가 가진 것들에 대해 감사함을 잊어버릴 때가 있다. 그럴 때는 시간을 내어 여행해 보자. 그러면 다시 내 옆에 있는 사람과 물건, 내가 사용하는 모든 것들이 당연하지 않게 될 것이다. 이렇게 여행만큼 행복하고 사랑스러운 이별이 또 있을까.

행복한 이별로서의 여행을 떠나보면 일상의 조그마한 행복들이 더 크게 느껴지기도 합니다. 어떨 때는 여행지에서 살아보고 싶다는 생각을 하기도 하지요. 가장 생각할 거리가 많았던 여행지는 어디였고, 어떤 생각을 하며 여행했는지, 그 순간으로 돌아가 회상해 보세요. 사진으로만 남는 여행이 아니라 기억 속에도 선명하게 남아있도록요.

서른아홉 그리고 마흔

 서른아홉, 약봉지에 적힌 내 나이가 생경하게 느껴졌다. 오래전 아버지의 약봉지에 적혀있던 나이가 어느덧 내 나이가 되어 약봉지에 찍혀있다. 스물아홉이 서른 될 때 겪는 허탈감과 깜깜한 미래에 대한 무서움을 느낀 것은 아니었지만, 삼십 대의 마지막 숫자를 보며 묘한 감정에 빠지는 것은 어쩔 수 없었다.
삼십 대는 꿈을 향해 달려온 열정적인 시간이었고, 사십 대는 그 꿈을 현실로 만들어가는 성숙한 시간이라는 이야기를 여기저기서 많이 들었다. 하지만 실제 마흔을 맞이하기 직전인 이 순간, 꿈을 현실로 만들어갈 만한 무언가가 내 삼십 대에 있긴

있었나, 나는 지난 십 년간 무얼 하며 보냈나 하는 막연함이 나를 가라앉게 했다.

어쨌든 내게 삼십 대라는 시간은 존재했고, 그 시간 동안 나는 꼼지락거리며 아무도 모르게 성장하고 있었을지 모른다. 지금 곰곰이 생각해 보면 나의 삼십 대는 이십 대까지 연필로 대충 스케치해 왔던 인생 캔버스에 다채로운 색깔을 칠했던 시간이었다. 이십 대까지는 나는 어떤 사람인지, 무엇을 좋아하는지 모르고 그냥 무엇이든 이것저것 해보는 시기였다면 삼십 대부터는 내가 그린 그림을 책임지는 인생이었다.
삼십 대가 되어서 나는 이십 대에는 경험하지 못했던 감정들을 느끼며 인생의 깊이를 알아갔다. 이십 대에 고생을 많이 했으니 삼십 대에는 조금 편안하게 살 수 있을 거란 내 예상을 깨고 이직, 이혼과 같이 예상치 못한 어려움과 마주하면서 이십 대와는 다른 농도 짙은 인생의 쓴맛도 경험했다.

삼십 대 초반에는 꿈을 좇아 밤샘 작업을 하기도 하고, 실패와 좌절에 눈물 흘리기도 했으며, 남들을 보고 부러워하며 능력 없는 나를 탓하기도 했다. 그 열정과 눈물은 삼십 대를 지나 자신을 마흔 언저리까지 끌고 올 힘을 낼 수 있게 해주는 영양분이 되어주었다. 삼십 대 후반에는 사랑하는 사람을 만나 가정을 이루고, 크고 작은 만남과 헤어짐을 겪으며 인연의 소중함과 함께 행복감을 느꼈다. 그 속에서 나는 더욱 단단해지고 성숙해졌다.

그래도 삼십 대를 되돌아보면 아쉬움이 남는다. 나름대로는 삶을 개척하며 살아갔다고 생각했지만 지나고 보니 좀 더 열정적으로 꿈을 향해 달려가지 못했던 시간, 좀 더 용기 내어 새로운 도전을 하지 못했던 순간들이 떠오른다. 삼십 대의 경험을 잊지 않고 기록해 두어 사십 대에는 더욱 멋진 인생을 만들어가겠다고 다짐한다.

　　　　사십 대는 인생의 새로운 장을 시작하는 출발점이다. 마음가짐도 새로 출발해야 할 시기다. 이제는 지금 주어진 행복을 찾아서 그것을 한껏 느껴보는 삶을 살고 싶다. 그동안 얻지 못한 것을 얻기 위해 노력하는 삶을 살아왔다면, 내가 가진 것, 그리고 인간이라면 누구나 가지고 있는 것에 감사하는 마음을 가지며 살아가고 싶다.

우리의 삶은 그렇게 거창하지도 찬란하지도 않다. 오히려 아무엇도 없는 것, 조금은 치사하고 조금은 불행한 것이 인생이다. 그것을 받아들이고 이런 인생이라도 즐길 줄 아는 마음이 있다면 더 멋진 마흔을 보낼 수 있지 않을까.

내가 사십 대에 지키고 싶은 수칙이 하나 있다. 너무 절망하지 말기. 모든 일에는 양면성이 있으므로 너무 오래 절망하거나 너무 깊이 절망할 필요가 없다는 것. 좌절하는 당시에는 인생이 끝나는 것 같은 절망감을 느끼지만, 이제는 알고 있다. 절대 끝이 아니라는 것을. 전화위복이라는 말이 있듯이, 내가 실패했다고 생각한 것이 오히려 잘된 일이 되기도 하고, 내가 열심히 얻으려고 했던 것이 알고 보면 아무것도 아닌 일인 경우도 많다.

마흔이 되기 전 배우고 싶은 것도 있다. 현명하게 화내는 법. 삼십 대까지 남에게 화를 낼 줄 몰라 혼자 울기만 한 시간이 많았다. 화를 내고 나면 그 사람과 사이가 틀어지거나 일을 그르치게 될까 봐 혼자 끙끙 앓았던 많은 시간. 이제는 화가 나면 무조건 참지 말고, 그렇다고 무조건 내지르지도 말고, 내가 원하는 것을 똑똑히 얻어낼 수 있는 교양 있는 화를 연습해 보기로 한다.

마흔이 되기 전 꼭 고쳐야 할 것도 있다. 남의 눈을 의식하는 습관. 삼십 대에는 외부의 시선과 사회적 기준에 맞춰 살아가는 데 급급했다면, 사십 대에는 내 목소리에 귀 기울이고 내면의 평화를 찾는 데 집중하고 싶다.
그 어떤 경우라도 나 자신을 먼저 챙기기. 누군가가 나를 비난하거나 남을 위해 희생하는 게 내 속이 편할 것 같다고 느낄 때면 꼭 나 자신이 먼저라고 생각하며 나의 행복을 위해 사는 사십 대가 되고 싶다. 남들이 무어라고 하든 내가 옳다고 생각하는 것, 나의 행복을 위한 것이면 남에게 피해를 주지 않는 선에서 열심히 누려보는 것. 그것이 행복한 나의 사십 대를 위한 일이다.

마흔을 기다리는 내 마음은 슬픔이나 후회로 가득 차 있지 않다. 오히려 기대된다. 이십 대에서 삼십 대로 넘어갈 때 내가 그랬듯이, 조금 더 마음이 넓어지고 조금 더 차분하고 조금 더 성숙해질 것이기 때문이다. 나이를 먹는 것이 꼭 나쁜 것만은 아니다. 한층 더 지혜로워진다.
마흔부터는 제2의 삶을 설계해야 한다고들 말한다. 거창하게 제2의 인생을 시작한다는 마음도 좋지만, 그것이 부담된다면 삼십 대까지인 제1장의 내 인생에서 수정해야 할 부분, 첨가해야 할 부분, 빼야 할 부분을 잘 분류해서 시행착오를 줄여가는 것, 제1장의 인생보다는 조금 더 마음의 여유를 갖는 것도 괜찮다. 내가 아니면 누구도 내게 행복을 가져다줄 수 없다는 사실을 깨닫는 것. 그것이 조금 더 숙성된 사십 대가 지녀야 할 자세가 아닐까 한다.

나이를 먹어감에 따라 내 나이에 무뎌지는 게 자연스러운 것이라고 누군가가 말하더군요. 마흔 언저리가 넘어가면 이제는 내가 몇 살인지도 생각하지 않고 살게 된다고요. 나이를 먹는다는 것은 내게 어떤 의미일까요. 보통은 젊어지고 싶고, 나이를 천천히 먹기를 바라는데요, 나이를 먹어서 더 좋은 점도 있을까요?

이별 여섯 걸음

그럼에도 내가 붙잡고 싶은 것들

따뜻한 밥 한 끼 1

    알람 소리가 잠을 깨운다. 아침 7시 30분. 일어나자마자 나는 고양이들의 밥을 챙긴다. 도자기 그릇 소리가 나면 고양이 나미와 빵떡, 다람쥐(고양이 이름)가 바삐 온다. 총총총. 고양이들은 내가 사료와 간식을 줄 때만 내 다리에 갸르릉 하며 얼굴을 비벼댄다. 이 자본주의 고양이 같으니라고.
고양이들은, 나는 애교로 밥값을 지급했으니 식사 시간을 방해하지 말아 달라는 눈빛으로 나를 잠시 보곤 사료를 씹기 시작한다. 마른 논에 물 들어가는 것과 자식 입에 밥 들어가는 것만큼 보기 좋은 것이 없다고 했던 옛 선조들의 고금을 막론하고 먹혀드는 명언에 다시 한번 감탄한다. 꽈드득 꽈드득. 사

료 씹는 소리가 감미로운 노래처럼 들린다. 꽈드득 꽈드득.

　　　엄마는 항상 바빴다. 매일 일하러 나갔다. 엄마가 다니는 회사와 우리 집이 가까워서 엄마는 점심시간이 되면 나와 동생의 점심을 차려주러 잠시 집에 들르곤 했다. 엄마가 회사에 가는 척 나를 두고 영원히 떠나버릴까 봐 항상 불안했던 나는, 점심시간마다 얼굴을 보여주고 밥도 챙기러 오는 엄마를 잠시 볼 수 있는 그 시간만을 기다렸다. 엄마의 감잣국은 세상에서 가장 맛있는 음식이었다.
나는 엄마가 오는 점심시간이 그렇게나 좋았는데, 바깥일을 하면서 집에서 배고프다고 삐악거리고 있을 자식 밥까지 챙겨야 했던 그 세월이 엄마에게는 가장 힘든 기억일까. 누구나 그렇듯 나도 엄마를 생각하며 가슴 찡한 기분을 느끼지만 부끄럽게도 나는 엄마에게 그럴듯한 밥상을 차려줘 본 적이 없다. 대학 입학과 함께 엄마와 떨어져 살아서라는 핑계를 대기엔 너무 많은 세월이 흘러버렸다.

　　　성인이 되고 나서 줄곧 엄마와 따로 살았다. 나는 내 공간에서 '재미있게' 요리해서 '맛있게' 식사를 해본 적이 없었다. 식사 시간 십 분을 위해 한 시간을 투자해야 하는 요리라는 이놈이 실은 최고의 비효율적 활동이라고 생각했기 때문이었다. 그래서 당연히 재미가 없었고, 맛은 더더욱 없었다.
스물여섯 살부터는 여동생과 함께 살게 되었는데, 다행히도 동생은 요리하는 것을 좋아했다. 그때부터 집에서의 식사 준비는 동생 몫이 되었다. 프라이팬에 기름을 두른 후 청양고추와 김치를 잘게 썰고 이후 밥을 넣어 몇 분간 볶은 다음, 올리고당을 쏟아부어(올리고당을 너무 많이 넣어서 마치 쏟아붓는 것처럼 보임) 다시 볶아 마무리한 동생표 김치볶음밥은 되는 일 하나 없었던 내 이십 대를 견디게 해주는 진한 응원과 사랑이었다.

밥을 챙겨준다는 것은 상대의 생명을 연장해 주는 의미 깊은 행동이자 사랑을 표현하는 최고의 방법이다. 내가 고양이를 아끼는 마음, 엄마와 동생이 나를 사랑하는 마음이 맛있는 먹거리를 만든 것이다.
이별 없는 사랑은 없다고 말하지만, 누구나 이별하고 싶지 않은 순간들이 있다. 따뜻한 밥 한 끼를 얻어먹었을 때, 가족이나 사랑하는 사람에게 밥 한 끼 대접했던 날. 이런 소중한 순간들이 모여 귀한 기억이 된다. 내게는 잊고 싶지 않은, 다른 사람에게 사랑을 베풀고 사랑을 받았던 추억들은 잊지 않고 영원히 기억 속에 남아있길 바란다.

옛날부터 우리는 밥상머리에 모여 많은 걸 함께 나눴습니다. 사랑도, 싸움도, 미움도, 행복도. 하지만 시대가 흘러 혼자 사는 일인 가족이 늘면서 온 가족이 한 식탁에 앉기가 어려워졌는데요. 가족과 사랑을 나누는 방법은 밥을 차려주는 일 말고도 많습니다. 어떤 경험이 가족과 애정을 쌓는 데 도움이 되었나요? 가족과 사랑을 주고받는 일은 지나침이 없는 일인 것 같습니다.

따뜻한 밥 한 끼 2

　　어쩐 일로 남편이 집밥 타령을 했다. 결혼할 때부터 전혀 요리에 대해서는 내게 기대하지 않았던 그다. 결혼 하기 전, 동생과 같이 살면서 한 번도 내 손으로 요리를 해 먹은 적이 없다는 사실을 잘 알고 있어서다.

남편이 집밥을 먹고 싶다고 한 이유는 며칠 전 내가 한 카레 때문이다. 같이 살면서 한 번도 해주지 않던 요리였는데, 양파와 감자, 당근을 썰어서 카레 가루를 넣고 대충 끓인 카레에 꽤 감동한 모양이었다. 평소 같았으면 퇴근 후 그가 가장 좋아하는 음식인 라면을 먹겠다고 대답했을 남편이지만 오늘은 집밥을 택했다.

내가 평소에 요리하지 않는 이유는 음식을 대접했을 때 상대방이 맛있다고 호들갑 떨어주지 않으면 서운함을 크게 느끼기 때문이다. 핑계인 거 다 안다. 그냥 귀찮은 마음이 크다. 먹는 시간에 비해 만드는 시간이 압도적으로 많이 걸리는 것. 그게 요리니까.
남편이 집밥을 택했기 때문에 나는 어쩔 수 없이 요리해야 한다. 그를 실망하게 하고 싶진 않으니까. 나에게 집밥을 요구한 적이 한 번도 없었는데, 오늘에서야 넌지시 이야기한 남편이었다.

냉장고를 열고 어떤 재료가 있는지 찾아본다. 남편이 퇴근해 집으로 오기 한 시간 전. 마트에 가서 재료를 사기엔 시간이 없다. 물을 받아 끓이다가 알약같이 생긴 조미료를 세 알 넣고 다시 끓인 후에 달걀과 양파, 파를 넣고 더 끓인다. 소금으로 간을 맞추고 나면 계란국 완성.
국을 끓이고 나서도 45분이 남아 다시 냉장고를 연다. 길쭉한 호박을 집어 동그랗게 썬 후에 튀김가루를 묻혀 부친다. 호박전도 완성. 이제 칭찬받을 일만 남았다. 계란국은 특별할 게 없지만, 나로서 호박전은 남다르다. 일단 '전'이라고 하면 아무나 범접할 수 없는 고난도의 음식이라 생각했기 때문이다. 워낙 요리에 문외한이라 한 개의 조리법으로는 무슨 말인지 잘 알아듣지 못해 여러 개를 찾아봐야 하고, 불 조절도 인터넷을 찾아봐야 할 수 있었다. 중불에 튀겨내는 건지 약불에 튀겨내는 건지조차 감으로는 알 수 없었다. 그래도 일단 호박전같이 생긴 무언가를 완성하긴 했다. 이제까지 살면서 거의 하지 않았던 요리를 두 가지나 했다는 사실에 남편은 깜짝 놀랄것이고 나는 그 표정을 보며 뿌듯해 할 것이다.

    호박전을 예쁜 접시에 플레이팅 해놓고 남편을 기다리는 동안 엄마의 단술을 생각한다. 딸이 좋아한다는 이유로 엄마는 나와 만나는 날마다 단술을 만든다. 내가 엄마를 만나러 갈 때도, 엄마가 나를 만나러 올 때도 단술은 항상 빠지지 않았다. 그래서일까, 엄마표 단술은 아무도 따라 할 수가 없다. 엄마가 가르쳐 주는 대로 단술을 만들어도 그 맛이 안 난다. 꼭 엄마가 해야만 내가 좋아하는 그 맛이 난다. 엄마만이 낼 수 있는 맛.
엿기름을 짤 때 특별한 비밀이 있는 건지 아니면 밥알에 비밀이 있는 건지 알 길이 없다. 엄마의 뽀얀 단술에는 달지도 안

달지도 않은 안달 나는 맛이 있다. 단술은 만드는 건 그렇게 어렵지 않지만, 밥을 삭히는 시간이 길어서 전체적으로 오래 걸리는 음식이다. 먹는 사람을 생각하지 않으면 만들 생각조차 하지 않는 음식 중에 하나다.

　　　　엄마의 단술을 생각하며 식탁에 앉아 있는 동안 남편이 집에 도착했다. 그는 계란국과 호박전을 보고 어떻게 이런 걸 할 수 있느냐고 되물었다. 요리라고는 하나도 못 하는 줄 알았더니 할 줄 알았던 거냐고. 낭패다. 그는 이제 틈만 나면 내게 요리를 요구할지도 모른다. 어쩌면 타고난 것 같다는 거짓말 섞인 말로 나를 길들이려 할지도. 난 꼭꼭 숨겨놓은 몇 푼 안 되는 비상금을 들킨 것 같은 기분이 들었다.
내가 남편을 위해 해보니 요리는 그렇게 어려운 건 아니었다. 맛있게 만드는 게 어렵지, 구색을 갖추는 건 내가 겁을 먹었던 만큼은 아니었다. 그보다 맛있게 먹어주는 사람의 얼굴을 보고 있노라면 뿌듯함이 쓰나미처럼 한꺼번에 몰려왔다. 파도처럼 몰려왔다고 표현하기에는 모자란다. 내가 이 사람을 위해 무언가를 해주었다는 생각, 이 사람의 생명을 한 끼 정도 연장해 주었다는 생각에 기뻤다. 그를 위해 무언가를 할 수 있다는 것 자체가 행복이라는 생각까지 들었다.
엄마도 단술을 만들면서 달콤함에 빠진 내 표정을 상상했을지도 몰랐다. 어쩌면 누군가를 위해 요리 한번 못 해본 내가 이 기적이었을지도 모르겠다. 귀찮다는 이유로, 상대의 평가가 두렵다는 이유로 피해 오기만 했던 음식 만들기. 이제는 그런 이기심과 형체 없는 겁을 버리고 음식을 열심히 만들어 보기로 결심한다.

　　만들기 쉬워서 나 같은 초보자도 뚝딱 만들어 내는 계란국을 맛있다고 허겁지겁 먹는 남편을 보면서 내 과거를 돌아본다. 동생과 함께 살 때에도 나는 식사를 받기만 했고, 부모님께도 당연하다는 듯 밥을 얻어먹었다. 받기만 했을 뿐 내가 이제껏 사랑했던 사람들, 부모 형제에게 음식 한번 만들어 주지 못한 것에 대한 미안함이 몰려왔다.
내가 사랑하는 사람을 위해 조금 더 시간을 쓰고, 마음을 쓰는 사람이 되어야겠다. 이들과 끈끈한 정을 잃고 싶지 않기 때문이다. 무언가를 지키기 위해서는 노력이 필요하다. 오늘 하루만 요리를 만들어 가족이나 사랑하는 사람에게 대접해 보는 건 어떨까. 대접받는 가족도, 음식을 만드는 당신도 잊지 못할 날이 될 것이다.

누군가에게 밥 한 끼 만들어 대접한 적이 있는 사람은 알고 있습니다. 그 일이 얼마나 뿌듯하고 힘이 나는 일인지를요. 오늘은 사랑하는 사람에게 음식을 대접해 보는 것은 어떨까요. 엄마가 해주는 밥보다는 맛이야 없겠지만 부모님의 활짝 웃는 모습을 볼 수 있을 것입니다.

현이 활을 만나

처음엔 끽끽거리는 소리가 썩 마음에 들지 않았다. 내가 바이올린에 대해 생각하고 있던 인상이었다. 그러던 어느 날 텔레비전 클래식 채널에서 들은 바이올린 독주를 보고 가슴이 두근거렸다. 행복한 인생을 위해서는 취미 한가지 정도는 가지는 게 좋다는 말에 악기를 배워야겠다고 생각했지만 내가 바이올린을 배우게 될 줄은 몰랐다. 하지만 아무래도 좋았다. 바이올린 연주에 벌써 반해버렸으니까.
학원 교습을 알아보니 한 달 반찬값 정도로는 턱도 없었다. 그러다 지역 소식지를 보고 찾아낸 바이올린 교습. 평생학습원에서 삼 개월에 이만 원하는 왕초보 바이올린 교실이 그것이

었다. 동네 육아카페에서 정보를 수집했다. 수강 신청 경쟁이 치열하다고 했다. 수강 신청 날 아침 열 시에 신청 탭이 열리면 일 분 안에 클릭해 신청해야 한다고. 달력에 날짜를 적어두고 매일 확인했다. 드디어 수강 신청하는 날이 되었고, 심기일전한 만큼 어렵게 수강 신청에 성공했다.

바이올린을 배우러 간 첫날을 기억해 보면 최근에 그렇게 긴장한 날은 없었던 것 같다. 나는 낯선 공간에 가면 스트레스를 많이 받는데, 그런 공간에 가기만 하는 게 아니라 무언갈 배우기까지 한다는 사실이 여간 부담스러운 게 아니었다. 바이올린을 사고, 수강 신청까지 해버린 무모했던 나를 탓했다. 하지만 이미 저질러 버렸다. 심장은 두근거렸고 나는 교육장 안으로 들어섰다.
교육장 안에는 여덟 명 정도의 수강생과 선생님 한 명이 있었다. 평일 아침에 바이올린을 배우러 오는 사람들은 어떤 사람들일까 궁금했다. 둘러보니 수강생들은 대부분 나보다 나이가 많아 보였다. 사십 대부터 육십 대까지 다양했다.
어떤 이는 저번 시즌에도 이 강좌를 들어서 바이올린을 꽤 연주할 줄 알았고, 어떤 이는 학원에서 교습을 받다가 저렴하게 교육받을 기회가 있어 오게 되었다고 했다. 진짜 왕초보는 나뿐이었다. 선생님과 수강생은 신입생이 왔다는 사실에 꽤 흥분하는 것 같았다. 시키지도 않은 자기소개를 돌아가며 하면서 나를 환영해 주었다.

바이올린은 네 개의 현으로 소리를 내는 악기다. 바이올린을 자세히 본 적이 없어서 현이 네 개인지도 몰랐다. 37만 원을 주고 바이올린을 샀을 때 현이 네 개라는 것을 처음 알았다. 바이올린 살 때 넣어주었던 악기 가방도 제대로 열 줄 몰라 낑낑대는 내가 다른 수강생들에게는 재미있어 보였나 보다. 다들 웃으며 가방 여는 법을 가르쳐 주려고 내게로 모여들었다.
맨 처음 활 잡는 연습을 하는데, 한 번도 잡아본 적이 없는 활을 잡는 것이 여간 힘든 게 아니었다. 여러 번 연습을 거듭하다 보니 손이 뻣뻣해져 마비될 것 같았다. 활 잡는 것을 배우고 드디어 활이 현을 만나 바이올린 소리(내가 싫어했던 끽끽 소리지만)를 낼 때는 내가 뭐 대단한 것이라도 해낸 양 의기양양했다.
손가락을 현에 하나둘 짚어갈 때마다 다른 소리가 난다는 사실에 마음이 설렜고, 더 잘하고 싶어졌다. 선생님도 잘 가르쳐 주었고, 항상 잘한다고 칭찬을 해주어 재미있게 배웠다. 칭찬은 정말 큰 힘을 발휘한다.

수강생 언니들은 매주 교습을 받으러 올 때마다 먹을 것들을 싸 들고 왔다. 어느 날은 고구마를 삶아오고, 어느 날은 달걀을, 어느 날은 떡을 가져왔다. 함께 먹을 것들을 나눠 먹으며 인생과 가정, 아이들 이야기를 하며 고민을 공유하기도 하고, 서로를 위로하며 그렇게 지냈다. 각자 다른 사정으로 바이올린을 배우러 오긴 했지만 우린 친구이자 동료였다. 정다운 이웃집이나 동네 아주머니의 따스함도 없이 자라온 아파트 세대인 나는 처음으로 함께 무언가를 나눠 먹고 수다를 즐기며 소속감을 느꼈다.
처음 바이올린을 배우러 왔을 때는 그런 분위기가 낯설었지만 이내 그들의 따뜻함에 매료되었다. 함께 나눠 먹은 소박한 음식들도 내게는 정으로 느껴졌다. 한 명이 고민을 말하면 그 고민은 우리 모두의 고민이 되었고, 동시에 우리 모두 해결사였다. 단지 함께 지키고 있는 게 있으니, 그건 보이지 않는 선이었다. 서로의 고민과 우정은 교실에서만 나누고 밖에서 연락하거나 개인적인 일에 서로를 끌어들이는 일이 없다는 것. 그게 참 마음에 들었다.

물론 교실 내에서 많은 이야기를 나눈다고 해서 연습을 게을리하는 것은 아니었다. 이야기 나누는 시간을 따로 정해두었고, 연습하는 시간에는 각자 악보를 보며 집중하는 몸짓으로 악기 연습을 했다. 다들 악기 다루는 직업을 가지고 있거나 앞으로 그런 쪽에 꿈이 있는 것도 아닌데 열정적으로 연습하는 모습이 대단하고 신기하기까지 했다. 나도 일의 경중을 떠나서 내가 하기로 마음먹은 일은 열심히 하는 사람이 되어야겠다고 생각하도록 만드는 그들이었다.

취미로 악기를 배울 때뿐만 아니라 다른 것들을 배울 때에도 초심을 가지고 꾸준히 배우기가 어렵다. 강제로 다녀야 하는 학교나 직장보다 하고자 하는 노력이나 의욕이 더 많이 필요한 것이 자발적으로 무언가를 배우러 가는 일이다.

하지만 모든 것은 힘든 시기를 지나야 비로소 즐거움을 느낄 수 있다. 게임도 그렇고 바이올린도, 자전거도 그렇다. 어느 정도 적응하고 할 줄 알아야 진정 재미가 생긴다. 그렇게 내가 제대로 적응하며 재미가 생길 때까지 열정을 가지고 바이올린을 오래 배울 수 있었던 건, 수강생들 간의 끈끈하지만, 일정한 선을 침범하지 않는 느슨한 연대감이었다.

지금은 교육 기간이 끝나 수강생들을 만날 수 없어졌다. 마지막 날 내가 조울증이 도져 결석하는 바람에 인사도 못 하고 헤어졌지만, 몇 달간의 재미있었던 수업과 함께 나눠 먹었던 많은 간식, 간식보다 더 많이 나누었던 우리들의 이야기는 오랫동안 잊히지 않을 것이다.

무언가를 처음 배우는 설렘, 그리고 거기에서 만난 소중한 인연들. 내 인생에서 그들의 출현은 낯선 나라로의 여행에서 만난 고국 사람과도 같았다. 낯선 바이올린 앞에서 주춤거리는 나를 같은 마음으로 응원하고 같이 연습하며 함께 길을 걸어가는 사람들.

다음 시즌이 되면 또 수강생 모집 공고가 뜰 것이고, 그러면 우리 일부는 다시 모이게 될 것이다. 어떤 사람은 지난 시즌의 나처럼 '낯선' 곳으로 바이올린이라는 '낯선' 것을 배우러 오게 될 것이고, 어떤 사람은 또 우정의 의미인 간식을 싸 올 것이다. 그러면 또 다른, 하지만 비슷한 빛깔의 연대가 생길 것이다.

헤어짐은 더 이상 슬픔이 아니다. 또다시 만나기 위한 소중한 약속이다. 현이 활을 만나 소리를 내는 것처럼 우리는 다시 만나 우리만의 소리를 만들어 낼 것이다. 다음 시즌 교육이 벌써 기대된다.

무언가를 배우며 기쁨을 느낀다는 것은 꽃에 물을 주는 것과 같은 일입니다. 어떤 것을 배우며 친해진 사람들과는 직업도, 사는 곳도, 성별도 다 다르지만, 같은 목적을 위해 모였다는 것만으로 함께 연대하며 즐겁게 배울 수 있는 요인이 됩니다. 재미있게 무언가를 배우며 즐긴 적이 있나요? 만약 있다면 당신은 이미 행복해 본 사람입니다.

우리가 잊고 살던 말의 힘

    7월 1일, 인사이동이 발표된 날. 같은 팀에서 일하는 직원이 다른 부서로 자리를 옮기게 됐다. 그는 익숙하다는 듯 짐을 쌌고, 한 시간도 안 돼 짐 옮기는 작업을 마무리했다. 한두 번 해본 솜씨가 아니었다.
공무원은 헤어짐에 익숙한 직업이다. 함께 합을 맞춰 일한 직원과 반기별로 헤어지고 다시 만나기를 반복한다. 물론 일년 같이 일하게 되는 직원도 있지만 우리는 언젠가 헤어진다.

    내 옆자리에서 일하는 동료 D는 특별한 사람이었다. 한마디로 마음이 따뜻한 사람. 내가 본 사람 중에 이렇게 마음이 너그러운 사람이 있었나 싶을 정도였다. 섬세하고 예쁜 마음을 가진 D와 대화하는 것이 직장생활의 큰 낙이었다.

그는 봄처럼 예쁘게 말하는 사람이었다. 예쁘게 말한다는 건, 나보다 남을, 내 마음보다 상대의 마음을 먼저 생각한다는 뜻이다. 그래서 더 빛이 난다. 그는 기분이 하루에도 몇 번씩 날뛰는 내 마음의 소리를 조용히 들어주었다. 섣불리 기나긴 조언을 하지도 않았다. 조용히 듣고 있다가 진심 어린 눈빛으로 조심스레 말했다.

"저도 그 마음 백번 이해해요. 저도 그런 적이 있어서……."

그가 매사에 진심으로 사람을 대하고 있다는 것을 알기에 그의 특별하지 않은 위로도 내게는 힘이 되었다.

    그는 사슴 같았다. 먹이사슬 거의 맨 아래에 있으면서 육식동물 같은 사람들에게 끊임없이 상처받는 사람. 사람들에게 상처를 받아서 자신은 절대 그러지 말아야겠다고 매일 다짐하며 살고, 그래서 힘들어하는 사람들을 감싸안아 주는 능력도 지니게 되었다고 했다. 그는 비밀을 말해도 새어나가지 않고 사라락 소리를 내어 깨끗한 바람으로 위로하는 대나무숲이었다. 모든 이들에게 기꺼이 귀를 내어주고 마음을 토닥여

주었다.

　　　어느 날 평소에 남에게 상처 되는 말을 아무렇지 않게 말하는 직원에게 한 소리를 듣고 회사를 그만둘지 고민하던 차였다. 마음에 병이 있는 내게 그녀의 매몰차고 이기적인 말은 특별히 더 큰 생채기를 만들었다. 옥상에 올라가 눈물을 훔치고 있을 때 D가 커피를 내밀었다.
"말보다 커피 한잔이 더 필요하실 것 같아서요."
따뜻한 커피 한 잔이 내 마음을 녹여주었다.
그와 일 년쯤 함께 일했을까. 우리에게도 헤어짐이 찾아왔다. 인사이동 발표가 난 것이다. 나는 눈빛과 몸짓과 말씨가 다정한 그와 헤어지게 되었다. 그와 이야기하고 서로를 위로하는 것이 회사에 다니는 낙이었는데 그가 다른 부서로 간다고 하니 마음이 아렸다.

　　　다정한 말씨를 가진 사람과의 대화는 추운 겨울 작은 불씨 같다. 겨울처럼 얼어붙고 각자도생해야 하는 직장에서 듣는 따뜻한 말의 힘은, 마음을 데워주고 연대감을 느끼게 해 인간을 사랑하게 한다. 이렇게 순수하고 맑은 마음을 가진 사람이 아직도 있다는 생각에 텅 비었던 마음이 꽉 차는 나날이었다.

누군가는 회사에서 응원과 애정, 치유를 기대하는 것은 욕심이라고 볼멘소리할지 모르겠다. 회사는 단지 일을 하러 온 곳이라고. 하지만 그렇게 말하는 사람일수록 회사에서 꽂힌 가시와 수많은 화살을 몸에 매달고 있는 사람들일 거다. 어딘가에서 들릴 부드러운 말과 따뜻한 마음을 향해 발뒤꿈치를 쫑긋 세우고 있을지도 모른다.

팀장 K는 부드러운 말씨를 가진 사람이었다. 내가 존경하는 사람 중의 한 명이다. 나는 그가 이끄는 팀에서 일 년 반 정도 일했다. 쾌활하고 느긋한 듯하지만, 열심히 일하는 사람. 부하직원에게 일을 미루지 않고, 되려 자신이 먼저 나서서 하는 사람. 그도 예쁘게 말하는 것이 체화된 사람이었다.

그는 팀원의 사기를 올려줄 줄 알았다. 우리 팀에 민원이 발생하면 현장 확인을 위해 출장을 나가는데, 그럴 때마다 팀원에게 얼른 가보라는 말 대신 드라이브 가자는 말로 팀원의 긴장을 풀어주곤 했다. 그는 한마디 한마디 할 때마다 많은 생각을 하는 것 같았다. 일을 시킬 때도 '해라'보다는 '하자'를 썼다.

어느 날은 민원 때문에 고민하는 내게 그는 민원인과 대신 통화를 해 문제를 해결해 주고는 이렇게 말했다.
"팀장으로서 그 정도 일도 못 해주겠니, 지민이가 나한테 해주는 게 얼만데."
그날부터 그와 일하는 동안은 그의 말을 철저히 따르기로 결심했다.
직장에서 기를 살려주는 말을 듣기는 참 어렵다. 그런 말을 들으면 하고 싶지 않은 일도 기꺼이 하게 되고, 힘든 일을 하면서도 신바람이 난다. 칭찬이나 좋은 말을 들으려고 일하는 것은 아니지만 말의 힘으로 기분 좋게 일할 수 있다.
상대에게 힘을 주는 말은 진정 인간을 꽃 피우게 한다. 몽우리져 아직 자기 능력을 제대로 알지 못하는 초짜에게 자신이 비로소 꽃을 피울 수 있다는 것을 알게 한다. 그리고 자기 능력 이상의 일을 하게 한다.

   나는 휴직 중이다. 더 이상 그들의 다정하고 따사로운 말소리를 들을 수 없게 되었다. 그것이 휴직을 망설이게 하는 이유였다. 내 병이 나아 복귀하게 된다면 다시 만날 수 있을 거로 생각하며 나를 달랬다. 휴직을 한 후 많은 직원에게 연락을 받았다. 왜 휴직하게 되었는지 묻는 메시지부터 꼭 다시 건강해져서 함께 일할 수 있으면 좋겠다는 말들.

가장 기억에 남는 문자메시지가 있다. 나와 함께 일을 했던 또 다른 상사였다. 내 마음을 모두 이해한다면서 우리는 분명 건강하게 다시 만날 거라는 메시지였다. 눈물이 났다. 나를 이해한다니. 언젠가 D에게서 들은 "이해한다."라는 말을 다시 듣고 싶었나 보다. 그 말을 다른 사람에게 들으니 다시 힘이 났다. 지금은 열심히 약을 먹고 기분 관리를 하며 복직하는 날만을 기다리고 있다.

휴직하며 그들의 아름다운 말소리를 더 이상 듣지 못하게 되었지만, 그들이 내게 해준 따스한 말, 겸손한 말은 나를 다시 직장으로 복귀하고 싶어지게 했다. 말의 힘은 우리가 상상하는 것보다 많은 것을 바꾼다. D와 K 팀장이 다시 직장과 일상으로 복귀하겠다고 내 마음을 바꾼 것처럼. 현란한 말솜씨도, 미사여구가 섞인 멋진 말도 아니었지만, 진심이 담긴 그들의 목소리와의 헤어짐이 다른 무엇보다도 나를 서운하게 한다. 그들의 따뜻한 마음이 담긴 말들이 그립다.

숨 막히는 긴장감과 경쟁 속에서 우리는 가끔 '말'의 중요성을 잊고 살아간다. 하지만, 학교나 직장 내에서 오가는 다정한 말 한마디는 단순한 소통 이상의 의미를 지닌다. 따뜻한 격려와 칭찬은 동료의 마음을 움직이는 강력한 에너지가 된다. "오늘 발표 잘 봤어요!"라는 짧은 칭찬은 발표자의 노력을 인정받았다는 만족감과 함께 자존감을 높여주고 "힘든 일 있으면 언제든지 말해요. 제가 도울 수 있을 거예요."라는 위로는 동료에게 든든한 지원군이 있다는 믿음을 심어준다.

다정한 말은 생활 속 윤활유다. 분위기를 부드럽게, 관계를 유연하게 만들어 준다. 우리가 모두 같은 공부를 하고 같은 일을 한다는 유대감을 심어주며 조직 전체에 활력을 불어넣어 준다. 동료에게 따뜻한 말을 주고받을 수 있는 마음의 여유를 가진 사람들이 많아졌으면 좋겠다. 이런 행동이 주변을 조금씩 변화시키는 마법이 되어줄지도 모르니까.

우리는 말 한마디로 사람을 좋아하게 되기도 하고 그 사람에게 실망하기도 합니다. 또 사기를 북돋아 주기도 하고, 상처를 주고받기도 합니다. 내게 눈물 나도록 힘이 되는 말을 건네준 사람을 생각해 보세요. 그 사람에게 감사의 편지를 써 보는 건 어떨까요.

매달 하는 월급과의 안녕

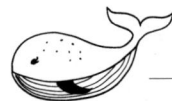

"따단" 문자메시지 소리가 경쾌하게 울려 퍼진다. 회사에 출근 해 어제 밀린 보고서를 쓰고, 회계 프로그램으로 남은 예산을 파악하고, 도착한 공문을 확인한다. 정신없이 바쁘게 일 처리를 하고 있으면 오전 열 시쯤 들리는 소리. 오늘은 20일, 급여가 들어오는 날이다.

공공기관인 만큼 급여가 밀리거나 늦게 들어오는 날이 없기 때문인지 의외로 자신의 급여에 대해 신경 쓰지 않는 직원들이 많았지만, 나는 가정이 있고 주기적으로 나갈 공과금과 카드 대금이 있어서 20일 오전만을 손꼽아 기다린다. 월급이 들어오기 전 주부터 나는 월급이 들어오면 무엇을 살까, 행복한 고민에 빠진다. 비싼 물건을 살 수는 없지만 그래도 전 달에 사지 못했던 생필품이나 화장품 같은 것을 살 생각하면 입가에 미소가 지어진다.
월급이 들어오고 나면 빠져나갈 고정지출을 대충 계산해 본다. 고정지출을 매달 미리 계산해 보지만 항상 실제로 나가는 돈과 내가 계산한 금액은 다르다. 물론 내가 생각했던 것보다 실제로 나가는 고정지출 비용이 더 많다. 이번 달도 생필품과 화장품을 내 욕심만큼 많이 사서 재어 놓지는 못할 것 같은 예감이 든다.

학원 강사 시절 작은 학원에서 일한 적이 있었다. 그 학원은 원장과 선생님 세 명으로 돌아갔는데, 삼십 대 젊은 원장은 무턱대고 학원을 개원해 놓고 급한 일에 대비할 만한 비상금이 없는 상황이었다. 학원에 수강생이 늘어나는 것은 하루 이틀 만에 되는 일이 아니다. 길면 일 년을 꼬박 기다려야 하는 일일 수도 있다. 그러니 당연하게도 자금이 원활히 돌아가지 못했다.
원장은 조금씩 우리의 월급을 미루기 시작했고, 나는 두 달 동안 월급을 받지 못했다. 생활은 빠듯해졌고, 모아놓은 돈을 깨서 생활비로 써야 하는 지경에 이르렀다. 학원은 문을 연 지 일 년도 안 돼서 폐업을 결정했다. 내가 일한 만큼의 돈을 받는 일이 이렇게 중요한지, 월급이 제날짜에 들어오지 않으면 얼마나 불안한지 알게 되었다.

그래서 급여가 밀릴 일이 없는 공공기관에 입사했고, 지금은 그런 걱정 없이 회사에 다니고 있다. 직업을 바꿀 만큼 급여를 받는 것은 중요하다. 돈이 인생의 전부가 아니라는 말과는 또 다른 차원의 이야기다. 생존의 문제다.

급여는 상대적이다. 연봉 2억~3억 이상을 받지 않는 이상 항상 모자란다. 월급 백만 원 받는 사람도 모자라고, 3백만 원 받는 사람도 모자란다. 급여에 따라 씀씀이를 조절하기 때문이다. 헤어지고 싶지 않지만, 우리는 월급과 한 달에 한 번씩, 아니 한 달 동안 실시간으로 조금씩 조금씩 헤어진다는 사실이다.

꽉 붙잡고 있고 싶어도 착한 얼굴로 대출을 내어준 은행, 언제든지 후지급으로 물건을 살 수 있게 해주는 카드사, 보험료를 가져가는 보험사, 세금을 조용히 가져가는 공공기관 같은 대형 상어들을 당해 낼 재간이 없다. 내 월급은 그 상어들에 의해 갈기갈기 찢겨 없어진다.

　　월급은 통장을 스친다는 말이 있다. 누가 만들었는지 노벨 문학상을 주어야 한다. 많은 것들과 이별을 하며 살아가는 우리지만, 월급과의 이별을 바라는 사람은 아무도 없다. 하지만 우리는 매달 월급과 헤어짐을 감당하며 살아간다. 다음 달에 들어오는 월급은 조금이라도 지켜보겠다고 다짐을 하지만 지키기는 어렵다.
일을 하는 동안 매달 월급과 헤어짐을 감당하며 살겠지만, 우리는 다음 달 월급이 있어서 행복하다. 상어들의 횡포(?)가 있더라도 우리는 급여를 받으면 가족과 외식하고, 내가 평소에 갖고 싶었던 물건들을 사며 한 달을 또 살아간다. 일상을 살아내면서 하게 되는 월급과의 이별은 필연이고, 그래서 우리는 행복하게 살아갈 수 있다. 다음 달 월급은 내 통장에 조금 더 오래 있길 바라면서, 다음 달 20일을 또 기다린다.

돈으로 우리의 행복을 살 순 없지만, 최소한의 삶을 위해서는 돈이 있어야 합니다. 돈은 내게 어떤 의미이고, 내 인생 우선순위에서 몇 번째를 차지하나요? 내가 일하고 있는 직장에서 나는 알맞은 돈을 받고 있다고 생각하나요? 돈이란 어떤 것일까요.

일상 속 새로움 찾기

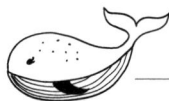

처음에는 그만두려고 했다. 휴직 하던 날, 나는 다시 직장으로 복귀하지 않을 거라고 다짐했다. 여러 가지 어려움이 있었고, 다른 직원과의 마찰, 그로 인해 더 심해져 가는 내 병을 고치기 위해서는 선택의 여지가 없다고 생각했다. 모든 것을 회피하고 싶었다. 힘들고 고된 인생까지도. 그즈음 나는 이혼을 준비하고 있었기에 더욱 마음의 여유가 없었다. 몸도 마음도 많이 지쳐있는 상태였다.

휴직을 하고 나서 마음을 평화롭게 만들기 위해 노력했다. 가장 먼저 병원을 바꿨다. 대학병원으로 전원을 해서 조금 더 본격적으로 병을 고치고자 마음을 먹었다. 내가 옮긴 병원은 대기자가 길어서 한 번 가면 한 시간은 기본적으로 기다려야 하지만 그럴 가치가 있었다.

의사는 항상 정적이면서도 조용히 친절했고, 내가 이야기를 시작하면 내 쪽으로 고개를 돌려 열심히 듣겠다는 자세를 취했다. 하루도 빼먹지 않고 약을 먹었고, 의사가 진료 날짜를 잡아주면 그 날짜에 열심히 가서 치료를 받았다. 긍정적인 생각도 습관이라고 해서 그 습관을 만들기 위해 나는 조금 더 좋은 생각을 하려고 노력했다. 잘되지 않은 날도 많았지만 포기하지 않았다.

독서도 많이 했다. 독서 SNS를 개설해서 석 달 만에 120권의 책을 읽고 감상문을 썼다. 퇴고를 거치지 않은 거친 감상문이었지만, 쓰고 나면 또 하나 해냈다는 생각에 즐거웠다. 어떤 책은 발췌독만 하기도 했고, 훑어있기를 하기도 했으나, 될 수 있으면 정직하게 책을 읽어 나가려고 했다. 또, 내가 관심 있어 하는 쉬운 분야보다는 내가 이제껏 등한시했던 책을 많이 읽으려고 노력했다. 경영서, 경제, 심지어는 전쟁사에 관한 책까지.

관심 분야와는 조금 떨어진 책이라 어렵게 느껴졌지만, 내 지식의 그릇이 조금씩 커지는 것을 느끼는 재미가 쏠쏠했다. 과학이나 수학 같은 어려운 책을 읽다가 머리가 아플 때는 내가 좋아하는 사랑과 공감에 관한 에세이를 읽으면서 마음을 평온하게 유지했다. 위로를 주는 폭신폭신한 글을 읽고 있으면 마치 포대기에 업힌 아이처럼 나도 모르게 스르르 몸이 풀리곤 했다.

또, 한 번도 배우지 못한 것을 배우기로 결심했다. 그것이 바이올린과 필라테스였다. 낯선 바이올린을 배우면서는 내가 이제껏 느끼지 못했던 자유로움을 느꼈다. 악기는 리코더 이후로 처음 배우는 거라서 긴장하며 첫 수업에 임했지만, 이내 즐겁게 되었다. 선생님은 내게 타고난 것 같다는 말까지 하며 나를 독려했다. 석 달간 바이올린을 배우며 동요밖에 연주할 줄 몰랐지만, 마음은 벌써 음악가였다.
필라테스는 바이올린보다 더 낯선 활동이었다. 이상하게 생긴 기구에 내 몸을 맡기고 사지를 찢는 동작은 나를 당황하게 했다. 하지만 그것도 금세 적응했다. 나중에는 필라테스하며 몸의 시원함과 함께 마음에도 시원함을 느꼈다. 필라테스는 재활 운동의 효과가 있다고 한다. 그래서 나도 더욱 건강해지고 활기 있어졌다. 정말 재활을 받은 것 같이 자세는 발라졌고, 소화도 잘되었다. 한 번도 해보지 못한 여러 가지 활동으로 내 일상은 빡빡하게 열매 맺힌 사과나무가 되었다. 몸은 피곤했지만, 수확의 기쁨을 위해 노력하는 사과나무.

　　　　내가 휴직 기간에 잘한 일 중 하나는 사이버대학교 공부를 마친 것이었다. 나는 안전과 관련된 일을 하는 공무원인데, 전문성을 더 키우기 위해서 관련 학과에 편입했고, 휴직 기간 졸업을 했다. 기계공학이나 전기공학처럼 문과인 내가 감당하기 어려운 과목도 있었지만, 계산하는 법을 익히고 나니 오히려 공학 과목이 더 재미있다는 것을 처음 알았다.
성적은 내가 기대한 만큼 받지는 못했다. 하지만 일을 하면서, 그리고 휴직하는 동안 치료를 하면서 학위를 땄다는 사실에 어렵더라도 무엇이든 할 수 있을 것 같은 용기가 생겼다. 스무 살 때처럼 리포트도 쓰고 시험도 치면서 나는 인생에서 두 번째 봄을 맞이했다. 대학생 때의 그 풋풋한 감정을 느끼게 했던 그 봄 말이다.

그리고 봉사활동을 했다. 했다고 말 하기도 부끄러울 정도로 출석률은 저조했지만, 시간이 날 때마다 봉사하러 갔고, 마음은 항상 그곳을 향해 있었다. 내 고양이가 생기면서 고양이를 사랑하게 되었고, 내 고양이를 사랑하고 나니 길에 떠도는 고양이가 보였고, 그리고 나선 모든 동물을 좋아하게 되었다.

그래서 지방자치단체에서 운영하는 동물 보호소에서 동물이 살고 있는 집을 청소하고, 사료도 주고, 산책도 시켜주는 활동을 했는데 처음엔 그 활동이 개들을 위해서라고 생각했지만, 시간이 갈수록 '나를 위해서'라는 것을 깨달았다. 하면 할수록 오히려 내가 행복해지는 일이었다.

개들의 웃는 모습을 보면 배설물 냄새도, 힘든 케이지 청소도 거뜬히 해낼 수 있었다. 많은 개를 보며 개들도 사람처럼 얼굴이 다 다르고 표정이 다 다르다는 것을 알았다. 이렇게 약한 존재에 관한 관심이 사람에게 옮겨가고 사람을 포함한 모든 생명을 사랑하는 사람이 되고 싶었다.

　　　휴직 기간 여러 가지 활동을 하면서 내가 얻은 것은, 나를 사랑하는 마음을 내기 위한 노력은 절대 배신하지 않는다는 사실이었다. 물론 휴직함으로써 승진에 불이익이 있고, 내 병이 회사에 공개되면서 나를 어려워하거나 편견 어린 눈으로 바라보는 사람이 있을 수도 있다. 하지만 나는 이 기간에 일을 할 때보다 더 많은 것을 얻었고, 느꼈고, 알게 되었다.
나처럼 휴직할 수 있는 사람도 있겠지만, 그게 여의찮다면 주말을 이용해서 각자가 한 번도 해보지 못한 일을 해보았으면 좋겠다. 그것이 나처럼 한 번도 해보지 못한 운동이나 악기를 배우는 것일 수도 있고, 자주 보지 못한 친구를 만나 서로의 마음을 확인하는 것일 수도 있다.
중요한 건 내가 항상 살고 있는 일상과 잠깐의 이별을 하고, 새로운 것과 만나는 것이다. 그것이 도돌이표 같은 일상에 활기를 불어넣어 준다. 그렇게 하다 보면 내가 좋아하는 것이 무엇인지 알게 되고 그럼으로써 나를 더 사랑하게 된다.

도돌이표 같은 일상은 우리 삶에 아주 중요하다. 평온했던, 그리고 부지런했던 휴직 기간과 작별하고 나도 그 중요한 일상으로 복귀하게 된다. 하지만 그 생활 속에서도 나는 계속 새로움을 찾으려고 노력할 것이다.
나를 사랑하고 새로운 것을 배우려는 노력과는 헤어지지 말아야 한다. 그래야 나 자신을 의식하고, 자신에게 끊임없는 관심을 가지게 되기 때문이다. 항상 같은 일과를 살더라도 나 자신과의 대화, 그리고 나 자신에게 양분을 주는 활동을 놓지 말고 나 자신을 잘 데리고 사는 우리가 되길 바란다.

일상에서 벗어나 한 번도 해보지 못한 일을 하면 나 자신이 다른 사람이 된 것 같아 설레는 마음이 들기도 하고 새로운 기분이 들기도 합니다. 우리는 반복되는 일상을 살아갑니다. 그 반복되는 일상을 견디기 위해서는 가끔 새로운 활동을 하는 것이 중요합니다. 그래야 다시 힘이 나서 일상을 살아갈 수 있기 때문이지요. 조금만 시간을 내서 내가 이제껏 해보지 못한 것에 도전해 보세요. 항상 당신을 응원합니다.

이별이 두려운 너에게 하고 싶은 말

초판 1쇄   2025년 8월 11일

지은이   전지민

펴낸곳   싱글북스
발행인   문선영
주소   서울특별시 서대문구 연희로37길 77-13 402호
홈페이지   www.koreaebooks.com / www.singlebooks.co.kr
이메일   contact@koreaebooks.com
전화   1600-2591
팩스   0507-517-0001
원고투고   edit@koreaebooks.com
출판등록   제2021-000022호

ISBN   979-11-990471-1-2 (03810)

Copyright 2025 전지민, 싱글북스 All rights reserved.

본 책 내용의 전부 또는 일부를 재사용하려면 목적여하를 불문하고
반드시 출판사의 서면동의를 사전에 받아야 합니다.

잘못된 책은 구입처에서 바꿔드립니다.
저자와의 협의 하에 인지는 생략합니다.
책값은 본 책의 뒷표지 바코드 부분에 있습니다.

싱글북스는 출판그룹 한국전자도서출판의 출판브랜드입니다.